ESSERE IMPRENDITORE: UN VIAGGIO DA EROE

Leadership, coraggio e innovazione per un'impresa sostenibile e competitiva

Ilario Lavina

Publisher: Davide Falletta
Editing: Sara Infante
Copertina: Alessandro Di Natale
Impaginazione: Mariafrancesca Capoderosa

A mio padre, Carlo,
per non avermi mai fatto mancare nulla e
per avermi insegnato con l'esempio
il valore del lavoro, dell'onestà
e della determinazione.

A mia madre Annamaria,
per avermi dato tutto l'amore possibile e
per non essersi mai risparmiata
nel supportarmi in tutte le mie scelte.

A me stesso,
per non aver mai mollato ed essere sempre
rimasto coerente con i miei valori e
la mia visione della vita.

NOTA PRELIMINARE DELL'AUTORE:

L'uso della sola forma grammaticale *maschile* non vuole essere in alcun modo un'azione di discriminazione, ma una semplice scelta stilistica di scorrevolezza e leggibilità del testo. Non esistendo nella grammatica italiana un genere neutro e reputando l'utilizzo dell'asterisco o della "e" capovolta un troncamento poco elegante, si è optato per il rispetto della purezza linguistica.

LINEA DIRETTA CON L'AUTORE

Grazie per aver scelto
ESSERE IMPRENDITORE: UN VIAGGIO DA EROE

Visita il sito

ilariolavina.com

Indice

Prefazione

Quante volte ho sentito dire da Ilario: "Ne avrei, da scrivere un libro!", riferendosi alle esperienze e alle "avventure", che ha vissuto con i vari e numerosi imprenditori che ha seguito in tutti gli anni della sua lunga carriera?

Finalmente questo libro è nato!

Mi chiamo Federica Steffan e sono compagna di vita e di lavoro di Ilario. Sono una Innovation Manager e specialista lato Inbound Marketing & Sales e in strategie di adozione di CRM.

Lasciando per un momento da parte l'affetto che provo per lui, da diversi anni mi trovo ad affiancarlo nei suoi interventi e, sotto un certo punto di vista, ho anche beneficiato personalmente delle sue doti di mentore.

Il mio lavoro e la mia professionalità sono cresciuti esponenzialmente, lavorando al fianco di Ilario, e non solo perché ho potuto osservare le sue modalità di azione, ma anche perché mi ha fatto capire come in azienda sia tutto collegato e sia possibile, partendo da un aspetto ben preciso e circoscritto, allargare il raggio d'azione all'intero sistema.

Al momento, opero con reparti marketing, commerciali e di customer care, ma, se non fosse stato per gli "incoraggiamenti" di Ilario, sarei rimasta nel digital marketing, senza scoprire le magie nell'unione di questi tre reparti.

Il contenuto di quest'opera mi riempie di un'enorme gioia e di una grande soddisfazione, anche perché so bene che, quando Ilario crea qualcosa, non è mai inutile o superficiale. E l'intento di questo libro lo dimostra totalmente. Il fatto di paragonare l'imprenditore a un eroe, che compie la sua "odissea" nel mare del mercato, la trovo un'analogia efficace e davvero interessante, ricca di spunti innovativi e geniali per tutti quei leader che hanno bisogno di ritrovare energia e determinazione nella loro gestione d'impresa quotidiana.

Questo paragone può non essere così immediato, e magari ti starai chiedendo: "Cosa c'entra Ulisse con l'imprenditore moderno?".

C'entra eccome! Ogni leader, che desidera realizzare qualcosa di proprio, intraprende un viaggio in grado di condurlo alla scoperta delle proprie capacità, ma non senza passare attraverso criticità e sensi unici, prendendo coscienza degli errori commessi e delle proprie mancanze. Di fatto, la conoscenza e le capacità nascono dalle esperienze e, che tu sia un imprenditore navigato oppure un neofita, grazie alle tue esperienze pregresse hai indubbiamente accumulato un certo carico di competenze.

Rimane comunque il fatto che, nel momento in cui ti accingi a intraprendere un nuovo percorso, oppure a operare un cambiamento generale in azienda, ti troverai necessariamente a vivere esperienze molto diverse, che concorreranno a farti maturare conoscenze differenti e complementari alle precedenti.

D'altronde, non puoi pretendere di creare una nuova o rinnovata realtà con il tuo approccio di sempre.

Attento! Questo non significa che tu non sia in possesso delle capacità necessarie, magari devi solo attivarle e cominciare a utilizzarle; oppure, dovrai proprio acquisirle ex novo... ma fa parte del bello del viaggio, no?

Per questo il ruolo del mentore è fondamentale: con la sua riconosciuta e provata esperienza è capace di guidarti e darti tutti quegli strumenti necessari a farti fare del tuo meglio e, nel farlo, diventare migliore.

Mentore è una parola quasi dimenticata, dal sapore antico, tradizionale e, proprio per questo, è allo stesso tempo molto profonda. Come un'antica tradizione.

Nell'immaginario comune gli imprenditori e le imprenditrici sono visti come super uomini e donne capaci di tutto, quasi avessero il dono dell'ubiquità e fossero in grado, quasi senza sforzo, di essere in azienda e agli eventi, esser presenti per la famiglia e contemporaneamente viaggiare molto per lavoro.

La realtà dei fatti è ben diversa. E ci mostra come essi siano davvero degli eroi, perché si trovano a dover portare avanti tutto ciò senza avere poteri straordinari, bensì lavorando in squadra, motivando il proprio team e dando priorità a certe azioni anziché altre... Non senza sensi di colpa o errori, sia ben chiaro.

Ma per essere ciò che sono, devono riconoscersi come uomini e donne con una forte ambizione e che, pur sacrifi-

cando certi aspetti della loro vita, dedicano ingenti risorse al loro progetto, per un fine decisamente più grande.

Anche se nascoste al pubblico, dunque, le difficoltà ci sono, eccome. E non sempre chi si trova a doverle gestire ha al suo fianco validi aiuti e collaboratori pronti e fidati.

Per questo motivo l'affiancamento da parte di una persona esterna, di rinomata esperienza e dai risultati dimostrati, non solo può rappresentare, per gli imprenditori, un valido sostegno nelle fatiche, ma, per l'azienda tutta, l'acquisizione di una rinnovata visione e un progressivo miglioramento delle performance.

La figura di Ilario Lavina, che prende il nome tecnico di Business Coach, è pertanto da intendersi non solo come una guida e un sostegno capaci e sicuri, ma anche, e forse soprattutto, come quella di un amico di fiducia, su cui poter sempre contare per il bene personale e aziendale, il cui approccio umano e olistico rappresenta una reale garanzia di rispetto e risoluzione per tutte le opere imprenditoriali, costruite con dedizione, zelo e sacrificio da parte di uomini e donne lungimiranti e predestinati.

Federica Steffan

CAPITOLO o

"La Follia e la Creatività dell'Imprenditore"

"Solo coloro che sono abbastanza folli
da poter pensare di cambiare il mondo
lo cambiano davvero"
- Albert Einstein -

Non esiste un solo modo di vedere e interpretare la realtà.

Un imprenditore dovrebbe inciderlo con lettere di fuoco nella propria consapevolezza.

Quale potrebbe essere il rischio? Quello di restare intrappolati in un unico punto di vista - il tuo! -, in convinzioni personali limitanti e in pensieri radicati nel profondo della nostra mente.

Dunque, cosa ne deriverebbe?

Paralisi certa! Un simile approccio nella nostra quotidianità non farebbe altro che renderci immobili, bloccati in quello che, invece, dovrebbe essere un regolare e dinamico processo di crescita personale e comunitaria.

Prova, ora, a rapportarlo all'ambito dell'impresa; riesci a capire perché rappresenta un pericolo?

Da qui la domanda centrale di questo capitolo: come liberarcene?

Se vuoi, prova a prenderti del tempo per rifletterci e formulare delle risposte di senso alla domanda...

Converrai con me che di risposte ve ne possono essere molte e di varia natura, ma quali davvero efficaci? E non intendo a livello generale, perché l'efficacia di una soluzione si può considerare solo all'interno di un preciso contesto di criticità.

Ma anche là, posso assicurarti che, tra tutte, le decisioni più pregnanti sono quelle con un briciolo di follia in più. Quelle nate da un pensiero laterale, a tratti "divergente": pensiero che pochi sanno gestire e che, invece, rappresenta una svolta nella visione e nella gestione d'impresa. Pensiero che, d'altronde, può scaturire solo dalla rara capacità di uscire fuori dagli schemi!

Anzi, dirò di più: solo da un evento extra-ordinario. Il treno del pensiero deve deragliare dai binari della logica e continuare la sua corsa sul suolo multiforme della *follia*. Unica porta d'ingresso per sconfinare nell'*oltre*.

Perché la **Follia**?

Perché rappresenta quella *deriva estrema del genio* creativo in grado di renderci audaci nell'azione e nel pensiero: ci permette di cambiare strada, di proseguire anche se si è giunti alla meta, di fare un salto nel vuoto per staccarci da terra, osando volare sempre più in alto; ci consente di vedere ciò che gli altri non riescono nemmeno a intravedere, di pensare ciò che gli altri non osano nemmeno immaginare, per essere proiettati nella dimensione creativa per eccellenza, ricca di possibilità personali e opportunità collettive.

Un pizzico di follia, quindi, è necessario per trovare nuovi modi di *percepire*, di *vedere*, di *percorrere* e di *modificare la realtà*, partendo dal presupposto che essa stessa non sia unica, in quanto possiede un'infinità di sfaccettature.

Guardala bene: la realtà non è definita solo dallo spazio e dal tempo, ma è tale in quanto percepita, e la sua percezione, essendo soggettiva, è molteplice.

Allora faccio un richiamo e provo a scomodare la fisica quantistica, ok? Niente roba pesante o incomprensibile, tranquillo! Hai presente il principio fenomenologico secondo cui la realtà viene creata dalla nostra osservazione, dal nostro pensiero? Su questo, la fisica dei quanti stabilisce che l'universo non sia costituito da particelle materiali, come suggeriva la fisica newtoniana, ma da un insieme di onde di energia immateriale, che ci rendono a tutti gli effetti delle antenne di ricezione e di scambio con tutto ciò che ci circonda. Così, l'uomo con il pensiero crea delle strutture energetiche, che danno forma a ciò che in quel momento chiamiamo realtà.

Queste affermazioni, frutto del lavoro di grandi menti come Albert Einstein, Max Planck e Werner Karl Heisenberg, svelano un legame innegabile tra coscienza e realtà.

Proprio per questo, e alla luce della mia ampia esperienza lavorativa che mi ha portato a constatare sovente la veridicità di questa posizione, sono convinto che un guizzo di follia sia necessario nell'imprenditoria per poter scorgere, distaccandosi dal severo sentiero della logica, tutte le facce della realtà, attingendo a una fonte infinita di possibilità.

Albert Einstein sosteneva che *"il folle fugge dal pensiero cristallizzato per vivere in un futuro diverso, aprendo strade che solo più tardi saranno percorse con naturalezza anche dai cosiddetti normali"*.

Credo fermamente che tutti gli imprenditori siano *illuminati* dalla scintilla della follia, ma che non sempre, e non tutti, ne siano coscienti e riescano a sfruttarla.

Però una cosa è certa: senza questa scintilla, nessun imprenditore si butterebbe **mai** nella difficilissima sfida di costruire e gestire la sua impresa.

○ L'imprenditore come un eroe

Infatti, questa follia, portatrice di audacia e creatività, secondo la mia visione, accomuna ogni imprenditore a una figura specifica di grande carisma e spessore culturale: quella dell'eroe.

Ora, chiariamo un aspetto: ho detto *eroe*, non supereroe! C'è differenza? Certo, una "super" differenza!

L'eroe è umano, ha paura, riconosce le sue fragilità e va in crisi esattamente come tutti gli umani. Non ha alcun supporto di superpoteri, ma è radicato nella realtà e opera una trasformazione costante prima di tutto in sé stesso, per poi riportarla nel suo operato. L'eroe riconosce i suoi limiti (è il primo passo per affrontarli!), ma non si lascia fermare da essi, e, pur considerando bene il rischio, si tuffa con consapevolezza in nuove avventure, pronto a sfidare l'impossibile in nome di un obiettivo importante, elevato, portatore di bene comune, trovando sempre soluzioni alternative di fronte al pericolo.

Coraggio, astuzia e abilità, esaltate da valori alti come l'amore, la famiglia e la giustizia, queste le qualità che sin dall'antichità ne delineano la figura e che lo avvicinano all'immagine dell'imprenditore odierno. Un connubio di nobili virtù, che lo incorniciano in una sorta di aura divina.

Per questo motivo, nella mitologia greca, l'eroe è spesso un semidio, figlio di una divinità e una persona mortale, come per esempio Ercole, figlio di Giove e della regina Alcmena, o Achille, figlio del re di Ftia, Peleo, e della ninfa Teti.

Ma in casi straordinari può essere anche un uomo comune, dotato di una grande audacia, che lo eleva al pari di un semidio, come il mitico eroe Ulisse, re di Itaca, reso immortale dalla straordinaria opera dell'Odissea.

In Ulisse è molto evidente il fuoco della follia, costantemente vivificato da valori importanti, come l'amore per la famiglia e la patria, la nobiltà d'animo e la *conoscenza*.

Devo ammettere che sin da bambino sono stato affascinato dall'epopea di Ulisse e oggi, andando ad analizzare le sue avventure, non posso non riscontrare un'interessante comparazione con il moderno cammino che un imprenditore intraprende per dare vita al suo progetto aziendale.

Come non rendersi conto di quanto, quello dell'imprenditore, sia di fatto un viaggio altrettanto pieno di insidie, ma anche di grandi successi; un cammino costellato di prove e strutturato da tappe essenziali per la necessaria crescita personale e comunitaria.

Allora paragoniamoli, questi due viaggi, e spremiamo tutto il succo che ne uscirà per deliziare e corroborare l'imprenditore nelle sue fatiche!

Dunque, quali benefici può trarre un professionista d'impresa dal mitico viaggio di Ulisse?

Di sicuro insegnamenti preziosi per portare a termine la sua missione. Come Ulisse, durante l'intero percorso, sfrutta la sua apertura mentale e il suo ingegno creativo per superare gli ostacoli, così l'imprenditore dovrebbe affrontare gli scogli posti lungo il suo cammino.

Pensiamo anche solo alla capacità di *problem solving* dimostrata dal re di Itaca durante l'assedio di Troia: mentre tutti erano concentrati sul problema, cioè il conflitto, che durava ormai da dieci anni, rimanendo inevitabilmente immobili di fronte a esso a farsi dilaniare, Ulisse, contravvenendo a ogni logica, riesce a vincere la disputa, progettando e facendo costruire il leggendario *Cavallo di Troia*.

L'avvincente aneddoto ci insegna che bisogna imparare a osservare l'evento da angolazioni diverse - mai immaginarie - ma, comunque, da prospettive credute impossibili. È questo il modo di **uscire fuori dagli schemi**.

È un atteggiamento mentale - te ne do atto - non sempre facile da adottare, in quanto nella vita e sul lavoro, ci è stato prevalentemente insegnato che bisogna essere ponderati e razionali, facendo ricorso a un pensiero logico e analitico, anche detto *pensiero verticale*.

Ma, allora, come si pretende di trovare l'uscita, se si percorrono sempre le stesse strade cieche? Anche da un punto di vista razionale, la risposta non può essere che "*facendo altro*", e, possibilmente, dell'*altro* che dia una scossa alla routine stagnante, forte a sufficienza da scardinare le porte della logica e farti guardare oltre, trovando punti di vista alternativi ed entrando nel cuore stesso del *pensiero laterale.*

Cosa si intende con questo termine?

Coniato dallo psicologo maltese Edward De Bono, sta a indicare, appunto, una visione che incoraggi la creatività al posto della razionalità.

"*La creatività è senza dubbio la risorsa umana più importante. Senza creatività non ci sarebbe progresso e ripeteremmo sempre gli stessi schemi*".

Solo grazie a quest'apertura mentale, a questo pensiero alternativo e creativo, tipico dei folli e delle menti lungimiranti, ogni imprenditore può riuscire a ideare e progettare il proprio *Cavallo di Troia* e, così, vincere la guerra.

Il folle volo

Quando la vita di un'azienda prosegue indisturbata, o quando si è raggiunta una meta importante, non è facile decidere di apportare cambiamenti sostanziali, rimettendo tutto in gioco con l'unico scopo di crescere ulteriormente. Credo, però, che la passione e l'amore verso la propria azienda e la curiosità stimolata da un pizzico di follia possano accorrere in soccorso dell'imprenditore. Sono questi, infatti, gli ingredienti necessari per la trasformazione e il successo, miscela esplosiva che può dare inizio a un nuovo entusiasmante percorso.

Mi vengono in mente, al riguardo, gli interventi di Dante e di Nikos Kazantzakis, due autori molto diversi non solo per epoche e natali - Dante, fiorentino del tredicesimo secolo, mentre Nikos, greco del ventesimo -, ma entrambi si trovano a dare un seguito alla perigliosa storia di Ulisse, ed entrambi lo portano a ripartire dalla sua patria, immolandolo come l'eroe del "*folle volo*".

Egli, spinto dal desiderio di conoscenza, riparte da Itaca per tentare nuove scoperte, osando superare addirittura le Colonne d'Ercole, il limite estremo del mondo fino ad allora conosciuto, che nessun uomo comune avrebbe mai neanche pensato di avvicinare. Dunque, il "folle volo" è un'evidente esortazione a migliorare sé stessi, uno sprone al perseguimento e alla conquista dei propri obiettivi, nonché della conoscenza assoluta: "*fatti non foste a viver come bruti, / ma per seguir virtute e canoscenza*".

Il mito di Ulisse ci sprona a non accontentarci. Mai. Ma ad aver sempre fame di sapere, senza rischiare di perdere la curiosità e l'ambizione di cambiare in meglio, continuamente. Perché la necessità di trasformarsi e crescere è alla base del successo di ogni imprenditore e di ogni azienda.

È fondamentale capire che un'azienda è un sistema complesso di elementi materiali e non, strettamente interconnessi, che, per aspirare al successo, devono essere sempre in equilibrio dinamico. Tutti i pezzi devono muoversi all'unisono per riunirsi in un grande puzzle finale in modo sincronico. Al passo con i tempi e in costante evoluzione, una crescita performante e duratura deve coinvolgere, quindi, ogni suo elemento, partendo però dal suo apice, l'imprenditore.

Quest'ultimo, oltre a essere accuratamente preparato, aumentando e aggiornando costantemente le proprie hard skills, cioè le competenze tecniche, deve lavorare in parallelo su sé stesso, acquisendo e sviluppando ulteriori abilità, capaci di fare la differenza. Parlo delle *soft skills*, competenze relazionali e comportamentali, che valorizzano la persona e caratterizzano il suo approccio al lavoro, nel rapporto con gli altri, nella gestione dei problemi e nella predisposizione alle novità. Non bisogna aver paura del cambiamento perché a volte, rifiutandolo, si rischia di rimanere indietro, lasciando l'azienda in una condizione di stasi, pertanto, di sofferenza.

◉ Via dal dolore

Qual è, allora, il fine della *trasformazione?*

L'evoluzione e il miglioramento, direi!

Ed è assolutamente necessaria per tirar fuori l'azienda da situazioni di stasi o per la risoluzione di problemi. In entrambi i casi, comunque, viene generata *sofferenza*, di fronte alla quale sentiamo impellente il bisogno di allontanarci da essa. Se rimaniamo fermi, infatti, tutto resterà fermo, dolore compreso: *bisogna agire per cambiare le cose.*

Mai sentito parlare di Epicuro?

Era un filosofo greco, che sosteneva l'esistenza di due grandi forze, che spingono l'essere umano all'azione: *al-*

lontanarsi dal dolore e *dirigersi verso il piacere.* Secondo il suo pensiero, solo le condizioni di **aponìa**, cioè di assenza di dolore, e di **atarassìa**, cioè assenza di turbamento, possono ritenersi eticamente accettabili, in quanto costituiscono la vera felicità.

Il vero piacere, in tal modo, si trova in uno stato di quiete, contraddistinto dalla totale assenza di dolore.

Molto spesso, però, l'imprenditore fa fatica a compiere il primo passo verso il piacere, proprio perché bloccato dalla paura dell'ignoto. Di per sé non è un male avere paura, perché questo sentimento, che si sviluppa sul piano fisico e mentale, è in realtà un meccanismo di protezione contro i pericoli, necessario per preservare il nostro benessere. A volte, però, questo meccanismo innesca un'apparente, e quindi non reale, minaccia. In tal caso va disinnescato, perché, invece di aiutarci, ci ostacola, impedendoci qualsiasi possibilità di azione.

Andiamo oltre.

Per un imprenditore, cosa si nasconde dietro alla paura dell'ignoto? Una paura ancora più grande: quella del fallimento. Che altro non è, se non il timore di una condizione presunta, assolutamente non certa.

L'ignoto, però, non deve essere temuto, perché, al contrario di quanto appare, ci offre delle opportunità di crescita e di conoscenza di noi stessi. Indubbiamente, un salto nel vuoto può portare al successo come al fallimento ma, quest'ultimo è parte integrante del percorso di apprendimento dell'eroe. L'errore genera esperienza e consapevolezza, quindi, non bisogna temerlo. E quando un imprenditore rimane bloccato dal meccanismo della paura? Ecco che, allora, l'incontro con qualcuno che ha già vissuto le stesse esperienze, può aiutarlo a venir fuori dal pantano in cui si è arenato e a disinnescare il meccanismo.

● Il mentore

Ogni eroe che si rispetti è guidato da un **mentore**, figura di riferimento importantissima, che lungo la strada impervia, a ogni prova, accoglie le difficoltà dell'eroe, lo sprona nel perseverare e lo supporta con i suoi arguti consigli.

Sicuramente, ne abbiamo sentito parlare molte volte, il termine "mentore" è quasi sempre associato a figure autorevoli e sagge, ma all'interno del presente lavoro come possiamo collocare la valenza della sua presenza?

Partiamo dall'origine. E, per farlo, torniamo proprio alla storia di Ulisse.

La parola "mentore" deriva, infatti, dal nome di un personaggio della stessa Odissea: Mentore, appunto.

Quando Ulisse partì da Itaca per andare ad assediare la città di Troia, affidò il piccolo figlio Telemaco alle cure di Mentore, il figlio del suo amico Alcino, che partì con lui.

Mentore eseguì alla lettera il suo compito, tanto che la stessa dea Atena prese le sue sembianze per essere d'aiuto a Telemaco. Anni dopo, mentre i Proci occupavano Itaca, accompagnò Telemaco a Pilo, dal saggio re Nestore, e a Sparta, dal re Menelao, vecchi amici di Ulisse, in cerca di notizie del padre. Il viaggio non servì a molto, se non a far maturare Telemaco e a temprarne lo spirito.

Fu solo una volta rientrati a Itaca, che trovarono Ulisse, tornato sotto mentite spoglie. Anche in questo caso Mentore, sempre spinto da Atena, ebbe un ruolo fondamentale, consigliando Ulisse sul da farsi e aiutandolo nella battaglia contro i Proci.

La sua figura ebbe, poi, risonanza tra il diciassettesimo e il diciottesimo secolo grazie all'arcivescovo francese Fénelon, che, in qualità di precettore del duca di Borgogna, erede al trono del Re Sole, era solito scrivere racconti educativi che aiutassero il futuro sorano nel suo percorso di formazione. Tra questi produsse anche *"Les Aventures de Télémaque"*, racconto che prendeva spunto dalle vicende omeriche per affrontare questioni di politica coeva. È proprio da qui che il personaggio di Mentore ebbe un rilancio tale, da assolutizzare il ruolo nel suo nome.

Il *mentore*, oggi, può avere tanti volti, infinite identità, tutte accomunate dalla caratteristica ben precisa, che ovviamente condivide con l'eroe, che è il *guizzo di sana follia*. Ed è indispensabile che lo possegga, per accettare di tuffarsi volutamente in situazioni complicate e ostili, con il solo intento di risolverle e aiutare.

È quindi importante che l'eroe/imprenditore presti attenzione a chi gli tenda una mano, ma ancor di più è che, prima di tutto, si faccia trovare nelle condizioni di disponibilità, ricerca e accoglienza.

Una delle virtù fondamentali di un imprenditore di successo, infatti, è l'*umiltà*, il saper chiedere e ricevere aiuto, cercando l'intervento di un professionista in grado di adoperarsi nel proprio lavoro, migliorandolo e liberandolo da situazioni problematiche e di stasi. Questo professionista, definito nel linguaggio aziendale **Business Coach**, è la figura ideale per affiancare l'imprenditore nel suo cammino d'innovazione, aiutandolo nella risoluzione dei problemi, contrastando la sua resistenza al cambiamento e a tutti quei comportamenti che lo portano ad attribuire ad altri - e ad altro da sé - la responsabilità dei propri insuccessi.

Per essere in grado di aiutare un'azienda in difficoltà, il Business Coach, che nel tema del mito ha il ruolo di mentore, deve possedere un importante bagaglio di esperienza e conoscenza del settore lavorativo e umano, è dotato di grandi valori morali, spiccate capacità comunicative e una sconfinata empatia.

Non giudica e non segue l'imprenditore con distacco, ma lo accompagna passo dopo passo, a volte anche silenziosamente, rimanendogli accanto per tutto il tempo necessario al compimento del percorso.

All'interno di questo libro, che rappresenta un'analisi concreta e veritiera del viaggio dell'eroe/imprenditore, la mia posizione è quella del mentore, dunque.

Il mio compito non è prendere la scena all'eroe, anzi, piuttosto quello di supportarlo, monitorando il suo avanzare pedissequamente, intervenendo nei momenti critici o statici al fine di infondergli forza ed essere un saggio e oculato compagno di viaggio. La mia mansione è guardare il suo viaggio dall'esterno, sviluppando di quello una visione oggettiva, conoscendone a priori le tappe, i passaggi più oscuri e le fasi più complesse.

Perché?

Perché quel viaggio io l'ho già fatto!

E l'ho ripercorso innumerevoli volte accanto a ogni eroe/imprenditore di cui ho avuto l'onore e l'onere di essere guida.

A questo punto... le presentazioni

Sono *Ilario Lavina* e la mia missione è quella di aiutare le imprese a migliorare il proprio modo di fare business, conservando la propria unicità e creando un ambiente di lavoro in cui l'armonia sia il fattore fondamentale che muova l'intera organizzazione.

Sono convinto che questo si ottenga valorizzando le qualità che ciascuno porta dentro di sé, spronando a metterle a disposizione del proprio bene e di quello comune.

Come dicevo, mi sento molto vicino agli imprenditori, perché il viaggio che stanno compiendo, o che si apprestano a compiere, io l'ho fatto e rifatto prima di loro.

La mia Odissea è iniziata tanto tempo fa, nell'ambito della tecnologia, contribuendo a diffondere nelle più grandi aziende della mia zona i primi personal computer. Infatti, terminata la scuola dell'obbligo, scelsi di frequentare un Istituto Tecnico Industriale, che mi desse la possibilità di specializzarmi in informatica. La digitalizzazione iniziava ad affacciarsi nelle nostre vite e io presi quel treno al volo.

Sono originario di Vittorio Veneto, in provincia di Treviso, nel profondo nord-est italiano e sono cresciuto poco distante da lì, a Colle Umberto, ma l'istituto che scelsi di frequentare si trovava a Mestre. Inevitabilmente, dovetti fare grandi sacrifici per poterlo frequentare, aiutato dalla grande passione che nutrivo verso la tecnologia. Tutte le mattine uscivo di casa alle 6:00 e, dopo un viaggio in corriera fino a Conegliano, seguito da un tragitto in treno e un altro in autobus, giungevo finalmente alla mia scuola. Dal terzo al quinto anno di istituto superiore, per rendermi più indipendente, iniziai a lavorare nei mesi estivi, riuscendo così a comprare il mio primo mezzo di trasporto, una Vespa. Sono stato sempre un grande lavoratore, valore che mi ha indubbiamente trasmesso mio padre, un uomo tutto d'un pezzo e instancabile. Conseguito il diploma, poi, iniziai ad avere i primi piccoli impieghi come informatico, oltre a dare ripetizioni di matematica a studenti universitari della facoltà di economia. Nutrivo, e nutro tuttora, infatti, una grande passione per i numeri.

Da lì, riuscii a ottenere un buon posto all'interno della divisione sistemi informativi della Benetton, dove rimasi per due anni, facendo un'ottima gavetta nell'ambito informatico e partecipando a vari e interessanti progetti.

Poi, come dipendente di una software house, feci ancora esperienze con altre aziende, altri progetti, altre ideazioni e creazioni di sistemi informatici, che hanno arricchito il mio bagaglio di conoscenza e competenze, fino al punto di arrivare a decidere di lavorare come libero professionista. Con mia grande sorpresa e soddisfazione, acquisii diversi clienti per cui avevo già lavorato in precedenza, compresa la stessa software house.

Uno di questi clienti era un grande mobilificio, composto da tre aziende, in una delle quali avevo contribuito in modo importante a informatizzare l'intero sistema. Questo aveva portato all'impresa ottimi risultati, così il titolare mi chiese di fare lo stesso con le altre due aziende. Riuscimmo a triplicare il fatturato di una di esse e, in generale, ad apportare innovazione e grandi miglioramenti, con la conseguente nascita di una quarta azienda. A un certo punto, mi proposero addirittura di assumermi, con la promessa di conferirmi un importante ruolo di responsabilità: decisi di rinunciare al lavoro autonomo e accettai. Rimasi con loro per ben quindici anni.

"*Nel mezzo del cammin di nostra vita*", in ambito personale, mi imbattei anche in un matrimonio, un divorzio, tre fantastici figli maschi e una laurea in economia aziendale. Nel 2012, dopo essermi dimesso perché particolarmente provato da dinamiche interne all'azienda, proprio in concomitanza con il divorzio, sprofondai in un abisso profondo: un periodo buio, in cui rimasi senza lavoro, famiglia e amici. Mi presi così uno spazio di tempo sabbatico in cui, grazie alla conoscenza di persone speciali, riuscii a crescere interiormente, incontrando per la prima volta nella mia vita la *spiritualità*. Ritrovate le forze e una nuova tempra, ripresi la mia amata missione: snellire la parte informatica di aziende che avevano sistemi vetusti, lavorando sui processi e rendendoli efficienti e pronti per la digitalizzazione.

Ho sempre avuto un'innata passione per l'innovazione e, con il tempo, ho maturato la consapevolezza che le aziende riuscissero a lavorare meglio grazie al mio aiuto e al mio intervento, volti a guardare sempre al futuro. Sentii, così, il desiderio e il bisogno di evolvermi ulteriormente e, dopo nuovi studi, passai dalla programmazione di sistemi gestionali alla programmazione dei processi aziendali, con il supporto del *Lean Thinking*. Grazie all'innovazione di processo e alla metodologia adottata, riuscii a portare importanti aziende al successo in tempi insospettabili; pertanto, scelsi di mettere a disposizione le mie competenze, fondando un'azienda tutta mia: la **MakeITlean**.

MakeITlean nacque nel 2014 con l'obiettivo di fornire benefìci alle aziende, attraverso l'ottimizzazione dei processi e la riduzione degli sprechi anche e soprattutto nel campo informatico. Il nome, dunque, da un lato è un invito a rendere tutta l'azienda snella e competitiva, dall'altro comunica l'efficienza del reparto IT (Information Technology), con un'evidente declinazione verso il miglioramento delle performance della parte digitale.

I risultati di MakeITlean arrivarono già dai primi progetti, grazie alle innovazioni apportate nei processi produttivi e gestionali di aziende affermate soprattutto nel settore dell'arredo-legno.

Nei primi anni, l'attività si concentrò prevalentemente sulla consulenza *Lean* nell'ambito della produzione e dell'attività di miglioramento (Kaizen), ma la squadra crebbe in fretta, grazie alle richieste da parte di clienti, operativi anche in settori molto diversi, come il metalmeccanico, le materie plastiche, la lavorazione della pelle e l'Ho.Re.Ca. Si allargarono di conseguenza anche gli orizzonti territoriali, che andarono da Verona a Pordenone, da Belluno a Forlì.

Nel 2016 MakeITlean vide nell'Inbound Marketing e nell'uso di un CRM integrato, non solo la sua leva primaria di espansione, ma anche un'opportunità di business. Nacque così una divisione dedicata per tutte le attività di consulenza sugli strumenti di Inbound Marketing & Sales e sull'approccio al mercato in generale. La filosofia e i principi *Lean* non hanno abbandonato mai questa divisione, diventata negli anni sempre più importante.

Ad oggi MakeITlean ha superato i cinque anni da Start-Up innovativa e si avvia verso i dieci anni di attività, consolidando sempre più la sua missione: portare l'innovazione nei processi aziendali, alimentando le potenzialità creative delle persone e trasformando le aziende in imprese che siano efficienti, organizzate e tecnologicamente avanzate.

Il viaggio

Come hai potuto constatare, anch'io ho fatto il mio lungo percorso, ricco di successi e di insidie, di scelte intelligenti e di errori. Un viaggio che mi ha portato a crescere, fortificarmi e diventare quello che sono: un Lean Management Specialist e un Innovation Manager affermato, anche se in continua ricerca di miglioramento.

Eccomi! In questo cammino sarò il tuo mentore, la voce della tua coscienza, della visione che ti ha spinto, della mission che ti motiva e della lucidità di cui hai bisogno per camminare sicuro. Per essere affrontato questo viaggio, però, ha bisogno che tu faccia una scelta: accettare la sfida di percorrerlo!

Se stai leggendo, significa che hai scelto o stai valutando di farlo. Bene! È il primo passo, il più difficile e spaventoso. Non ti resta che provare a fidarti di me e seguirmi.

Ti aiuterò a trovare l'*Ulisse* che è in te, ad affrontare la tua *Odissea* personale con destrezza e coraggio e, alla fine, ti condurrò per mano a Itaca, dove necessariamente riscoprirai il desiderio di riprendere il cammino.

Le tappe del nostro percorso, dunque, sono esattamente le tappe del viaggio dell'eroe omerico, ciascuna presentata nella sua connotazione narrativa, per poi essere sviluppata in chiave imprenditoriale e aziendale. Queste tappe faranno da sfondo alla metafora continua del viaggio, che diviene metafora tra le metafore: ti basti pensare ai numerosi personaggi variopinti, agli ameni e oscuri luoghi visitati e alle innumerevoli e ardue difficoltà affrontate, che riempiono la storia di spunti e ritmi sempre nuovi.

Tutto, però, ha un senso, che viene snocciolato e contestualizzato, rendendolo a misura della tua quotidiana realtà operativa, con una traduzione che assume il linguaggio del business e uno sguardo che diviene quello del consulente d'impresa, che traina l'imprenditore oltre i confini della sua visione, conferendole capacità di lungimiranza e avanguardismo.

L'imprenditore come eroe, dunque, e, nello specifico, come il leggendario Ulisse: un'analogia che ti accompagnerà lungo le pagine di questo mio libro, il quale ambisce a condurti in un viaggio di crescita complesso e composito, ricco di fasi, momenti di riflessione, cadute e salite, luoghi impervi e figure ostili, esattamente come la vita d'impresa ti fa sperimentare ogni giorno.

Il sentiero che percorreremo insieme sarà costantemente illuminato da quella fiammella di follia che ho ampiamente descritto, indispensabile per un condottiero come te, non solo nella decisione di intraprendere il cammino o nella tenacia di superarne gli ostacoli, ma anche nella volontà di migliorare, qualora la crescita dovesse condurre oltre il traguardo, verso una nuova partenza.

Allora, partiamo, inizia l'avventura e che i venti del cambiamento ti siano favorevoli!

CAPITOLO 1

"Il viaggio dell'eroe"

*"L'Eroe cresce e cambia, facendo un viaggio dentro di sé,
compiendo un cammino dalla disperazione alla speranza,
dalla debolezza alla forza, dalla follia alla saggezza
e dall'amore all'odio e viceversa"*
- Christopher Vogler -

Ma cosa c'entra il viaggio dell'eroe con il percorso dell'imprenditore?

Beh, a mio avviso, molto.

Anzi, ne è la perfetta parafrasi, laddove con l'archetipo del "viaggio dell'eroe" s'intenda quel percorso di crescita che, attraverso un radicale cambiamento interiore, porti a una rinascita, a trovare quelle fondamentali ricchezze nascoste nel proprio essere.

Un percorso dettagliatamente descritto nell'opera di mitologia comparata da cui prende origine, *"L'eroe dai mille volti"* di Joseph Campbell, grande scrittore e studioso di miti.

Un'opera - oserei dire - formativa, che descrive il viaggio dell'*io* per raggiungere l'illuminazione.

Nel mondo della letteratura, questo cammino a tappe rappresenta uno schema comune per le storie di ogni genere, con protagonista un eroe che parte per un'avventura in un momento di profonda crisi e, dopo battaglie, sconfitte e vittorie, torna a casa trasformato, evoluto.

Nel mondo reale, invece, rappresenta un modello da seguire per arrivare alla scoperta e alla realizzazione di sé stessi. È un percorso, infatti, che riguarda la vita di ciascuno di noi e di qualsiasi impresa decidiamo di intraprendere.

Anche l'imprenditore è soggetto a questa *legge* della mitologia, e qualsiasi suo percorso di innovazione all'interno dell'azienda è governato da essa.

A dimostrazione di ciò, vorrei introdurre le fasi che caratterizzano questo viaggio di crescita e mostrare come esse coincidano con alcuni passaggi fondamentali del percorso imprenditoriale. Cercherò di portarvi con me nel cuore stesso di ogni tappa, di ciascuna prova, e farne emergere, senza paura, il lato oscuro e il suo senso nel percorso intrapreso.

Ho affrontato per primo questo viaggio da solo, ho accettato di guardare in faccia mostri e pericoli sul percorso, per capire chi fossero, dargli un nome e comprendere come affrontarli. Sono arrivato alla fine completamente diverso. La prova tempra e ci migliora come uomini e donne e come professionisti. Vivendo personalmente la sua forza trasformatrice, ho sentito di dover essere spalla per tutti quei professionisti che avessero richiesto la mia guida discreta, ma sicura e consapevole.

● Prima fase: Il mondo ordinario

L'eroe vive nel suo mondo ordinario, finché un bel giorno percepisce che la vita che sta vivendo non gli basta, non gli appartiene più, e vuole cercare altro.

L'eroe/imprenditore lascia il suo mondo consueto, potremmo dire in questo caso il percorso sicuro, quello già tracciato dalla massa, per cominciare un viaggio unico, che lo porterà in un mondo completamente diverso e con cui dovrà fronteggiarsi senza sosta. Ma il mondo ordinario non ha valenza negativa, anzi! È fondamentale per il background strutturale ed emotivo dell'eroe: serve a creare i legami primari, a far riconoscere l'eroe attraverso bisogni universali o per la sua chiara mancanza di qualcosa, un punto debole tragico o una specie d'orgoglio che portano a una conseguenza fatale. Una ferita, una storia, anche se nascosta, rende un eroe più umano e segna il confine tra la sua forza d'animo e la sua vulnerabilità.

È proprio qui che emerge la **posta in gioco**: cosa si lascia e dove si spera di tornare – anche se in fondo non si torna mai indietro, se la storia riesce.

Nell'imprenditoria questo rappresenta il momento che anticipa la decisione di dar vita a un'impresa, oppure il momento di stasi di un'azienda; è quella fase in cui l'imprenditore avverte mancanza, insoddisfazione, instabilità e la conseguente necessità di dover cambiare qualcosa.

E doverlo fare da solo. In fretta.

● Seconda fase: La chiamata

Durante la vita comune accade un evento inaspettato - un problema, l'incontro con una persona, una sfida, etc.- che costringe l'eroe a dover abbandonare il mondo ordinario.

In una parola: è la **sfida** che l'eroe è chiamato ad affrontare.

È il momento in cui si stabilisce la meta e il percorso da farsi. La chiamata all'avventura mette sul piatto il rischio o il prezzo da pagare, rendendo chiaro l'obiettivo dell'eroe.

Un certo evento iniziale è necessario per far partire la storia.

Nell'imprenditoria rappresenta il momento in cui un "signor nessuno" riceve un'illuminazione, capendo quale debba essere la nuova strada che sente di dover percorrere, nel nostro caso quella che conduce al mondo dell'impresa.

Oppure rappresenta il momento in cui un imprenditore realizza quale sia il tipo di cambiamento che necessita la sua azienda per uscire dalla situazione di stasi o involuzione, che sta vivendo.

Terza fase: Il rifiuto

Ricevuta la chiamata, l'eroe la rifiuta. Infatti, non sapendo a cosa andrà incontro, ha paura del cambiamento, preferendo rimanere ancorato alla propria zona di comfort.

Spesso, arrivato a questo punto, l'eroe esita sulla "soglia dell'avventura", rifiuta il richiamo o esprime riluttanza. In quel frangente sta affrontando la più grande di tutte le sue paure. Non ha ancora deciso se intraprendere il viaggio e può ancora tornare sui suoi passi, rivalutando la decisione finale. Occorrono altri fattori per fargli superare questa crisi. A volte serve un'influenza ulteriore, nonostante il richiamo all'avventura, come un **cambiamento nelle circostanze** o l'**incoraggiamento di un mentore**.

A questo punto è la paura dell'ignoto, nel quale potrebbe celarsi un fallimento, a paralizzare l'imprenditore, che sia già tale o in procinto di diventarlo, impedendogli di imboccare la strada della crescita. L'atteggiamento timoroso, ignavo è, però, estremamente pericoloso, perché determina un non avanzare, un "restare" in una situazione piatta di mediocrità, in cui, piuttosto che agire e risolvere, si preferisce piangersi addosso e commiserarsi.

Quarta fase: Il mentore

Per superare questa situazione di stallo, l'eroe ha bisogno di aiuto, ha bisogno di qualcuno che lo guidi e che lo prepari ad affrontare le sfide che lo attendono, qualcuno che abbia già affrontato quel viaggio: il mentore.

Per mettersi in viaggio l'eroe ha bisogno di consigli, di direzione, di essere guidato, anche di un qualche strumento "magico" da portarsi - che possa essere un'arma oppure la conoscenza, la fiducia in sé stesso, la protezione, l'allenamento.

È qui che compare la figura del mentore. In genere è un uomo che ha compiuto il viaggio prima di noi, un "vecchio saggio" che segna l'avventura con la sua lungimiranza e consapevolezza degli eventi, a volte arrivando persino a far sbagliare l'eroe, affinché cresca. Il rapporto tra **eroe** e **mentore** è uno dei temi più comuni della mitologia e uno tra i più ricchi di valori simbolici: rappresenta il legame genitore-figlio, dio-uomo. In ogni caso, il mentore può arrivare solo fino a questo; dovrà essere l'eroe stesso ad affrontare da solo il mondo sconosciuto. A volte, letteralmente spinto dal mentore, per avviarsi sulla via dell'avventura.

Come spiegato nel capitolo precedente, ci vuole un grande coraggio sia per avviare un progetto d'impresa sia nell'apportare in essa dei cambiamenti. La paura del fallimento è paralizzante e solo una persona con un notevole e specifico bagaglio di esperienza può essere d'aiuto: l'imprenditore deve affidarsi totalmente a essa.

L'imprenditore deve quindi saper chiedere aiuto. E se non lo sa fare, imparare a farlo. Infatti, l'essere consapevole che da solo non ce la può fare, aumenta notevolmente le capacità di successo dell'imprenditore, e quindi del viaggio stesso.

Ma allo stesso tempo deve però tener presente che il mentore, in questo caso il Business Coach, ha il compito di prepararlo a superare le sfide, ma non può affrontarle al posto suo; gli indicherà la strada giusta, ma poi spetta a lui percorrerla.

In questa fase, quindi, **la fiducia nel mentore** e **il coraggio dell'imprenditore** si rivelano fondamentali.

● Quinta fase: Il varco della prima soglia

Grazie all'aiuto del mentore, l'eroe è pronto a partire per il suo viaggio e varca così la prima soglia che, dal mondo ordinario, lo farà accedere al mondo straordinario.

L'eroe accetta la sfida.

E si entra nel mondo speciale del racconto.

È il momento più difficile, probabilmente, perché è il momento in cui inizia davvero la storia: il racconto a questo punto decolla e inizia l'avventura.

Superata la paura, l'eroe sceglie di *affrontare il problema e agire*: da questo momento si obbliga a proseguire nel viaggio, senza più tornare indietro. È una soglia da valicare in modo definitivo, sulla quale, però, vi sono dei "guardiani", cioè delle figure che cercheranno di fermare l'eroe, che dovranno essere ignorate, assorbite, riconosciute o trasformate in alleati, ma non ascoltate!

L'attraversamento del confine tra mondo ordinario e mondo straordinario può avvenire in vari modi, sia naturali, che accidentali. Di fatto, anche un incidente potrebbe rappresentarne la causa, un evento "traumatico", un andare a sbatterci contro, ma l'importante è che avvenga.

Questo è proprio il momento in cui **prende forma il progetto d'impresa**, l'attimo in cui l'imprenditore, reso forte dal suo mentore, dà inizio al cambiamento, al suo "folle volo".

○ Sesta fase: Le prove, gli alleati e i nemici

L'eroe, dopo aver varcato la prima soglia, lungo il percorso dovrà affrontare moltissime sfide, durante le quali troverà nuovi alleati ma anche nuovi nemici.

Varcata la prima soglia, l'eroe si imbatte in nuove prove, si crea alleati e nemici, cominciando a imparare le regole del mondo straordinario. In questa fase si rivela il vero carattere dell'eroe, si mettono in evidenza i sentimenti, i ritmi, le priorità, i valori e le regole che importano.

Qui si aggiusta il tiro con l'assistenza e il supporto degli alleati, ma vi è anche la possibilità di reclutare una squadra, di capire il ruolo di ciascuno nella distribuzione delle parti.

E così, durante la vita d'impresa, che sia appena iniziata o che sia nel bel mezzo di un cambiamento, l'imprenditore si trova ad affrontare molte situazioni problematiche e complesse.

In questa fase, la capacità di scegliere i compagni di viaggio e analizzare la situazione per capire chi è alleato e chi invece può essere ostile, è fondamentale per la buona riuscita del percorso.

Le insidie si presenteranno ugualmente, ma bisogna cercare di limitarle. Partire, infatti, senza un'attenta analisi degli stakeholder, potrebbe costituire una base di rischio troppo grande.

Ancora una volta si rivela fondamentale la figura del Business Coach, il nostro mentore: l'aiuto di chi avendo una visione dall'esterno, possa, dunque, considerare il gruppo con un'ottica più ampia, senza sottovalutare nessun aspetto, soprattutto le soft skills e le qualità umane di ogni componente. Molto spesso, infatti, anche le persone più insospettabili possono costituire un rischio, soprattutto quando si mette in discussione il loro ruolo. Non bisogna, però, scoraggiarsi, come vedremo nei prossimi passaggi: anche gli ostili fanno parte del percorso di crescita.

Per l'imprenditore, prendere il coraggio di lanciarsi nel "folle volo" vuol dire uscire dal guscio e diventare protagonista della propria storia. Ovviamente, non esiste protagonista senza un antagonista. Ed è proprio in questa fase che viene alla luce il **vero carattere dell'imprenditore, i suoi sentimenti e i suoi valori**; è qui che la sua vera essenza esce fuori e prende forma.

⊙ Settima fase: L'avvicinamento alla caverna più profonda

A questo punto del viaggio, l'eroe arriva ai confini di un luogo infido e oscuro, dove si nasconde l'oggetto della sua ricerca. Nel momento in cui l'eroe entrerà in questo antro insidioso, varcherà la seconda soglia. Prima di valicarla, però, ci sarà una fase di preparazione, la fase di "avvicinamento".

Il "luogo pericoloso", a volte profondo e sotterraneo, è esattamente quello in cui si cela l'oggetto della ricerca. Spesso si tratta del "quartier generale" del più grande nemico dell'eroe: il luogo più pericoloso del mondo straordinario.

L'eroe si sta formando *una nuova percezione di sé e degli altri*, ha tempo per indossare una divisa, o la maschera archetipica o le "armi" prima dell'incontro fatale.

Ma è anche la fase in cui *i compagni di viaggio spariscono* e la lotta si fa più dura, con la sorpresa di veder emergere nuove qualità nei personaggi. È il momento di calibrare di nuovo la squadra, di chiedere scusa, di incoraggiare. Ci si accerta che ciascuno sia concorde sugli obiettivi, che la persona giusta sia al posto giusto e che, per quanto possa essere tentata di fuggire, resta: la porta alle sue spalle si chiude e si trova **davanti alla difficoltà fatale**.

Nel viaggio dell'imprenditore, questa fase è l'attimo prima di affrontare il problema centrale, di affrontare quindi le proprie paure più profonde, i propri mostri, l'attimo prima di combattere e superare l'ostacolo che ostruiva il cammino di crescita.

Ed è qui che l'imprenditore deve mettere a fuoco le problematiche da affrontare e gli obiettivi da raggiungere. Deve quindi pianificare una strategia e ricalibrare la squadra: per la riuscita è essenziale che siano tutti sulla stessa lunghezza d'onda, tutti d'accordo sugli obiettivi da raggiungere.

Ovviamente, c'è il rischio in questa fase che l'imprenditore rimanga da solo, ma è proprio grazie a questa solitudine che vedrà nascere in sé nuove qualità, che non pensava neanche di possedere e che si riveleranno fondamentali per affrontare la prova centrale.

⊙ Ottava fase: La prova centrale

*Questo per l'eroe, è il momento della discesa più profonda,
è il momento buio del suo viaggio. Qui si trova a combattere con le sue paure primordiali, rischiando di morire o mo-
rendo per poi rinascere. Questa fase rappresenta il rituale
d'iniziazione, il passaggio al nuovo "sé", la trasformazione.
Proprio in questo buio profondo l'eroe troverà la luce.*

È il momento critico della battaglia, lo scatenamento
della suspense. La prova in cui l'eroe rischia davvero di
morire o muore per poter rinascere di nuovo. È il tratto di
strada in cui si svolge il vero rito di passaggio.

Nel momento cruciale in cui l'eroe o i suoi obiettivi sono
a rischio, in genere avviene un "rovescio di fortuna", tempo-
raneo, che mette tensione. Durante la prova centrale l'eroe
si trova faccia a faccia con le sue più grandi paure, con il
fallimento dell'impresa, o con la fine di un rapporto; cessa
definitivamente la vecchia personalità e **l'eroe cambia**.

Dopo questo passaggio, niente sarà mai più lo stesso.
Tutto avviene sulla cima della montagna, nella zona più
profonda della caverna, nel cuore della foresta, nella parte
più riposta di una terra straniera, o nel posto più segreto
della sua anima.

Questo è il momento in cui l'imprenditore, rimasto solo,
si trova ad affrontare il fallimento lavorativo e personale, è
una vera e propria battaglia, in cui muore il vecchio imprenditore e risorge il nuovo, totalmente trasformato, reso, grazie
alla rinascita, più forte e consapevole di sé e di quello che realmente desidera.

Nel mio viaggio personale è stato il momento in cui mi sono trovato da solo, senza lavoro, famiglia e amici. Per me è stato un momento fondamentale di crescita e trasformazione, in cui, nel buio più totale, ho riscoperto la mia vera missione.

● Nona fase: Il premio

Vinta la battaglia con le proprie paure, l'eroe riceve un premio, che non sempre è qualcosa di fisico. A volte la ricompensa è semplicemente il raggiungimento della consapevolezza.

L'eroe, sopravvissuto, "festeggia" - anche solo per l'aver imparato qualcosa.

Se c'è un tesoro da prendere, o un breve riposo prima del viaggio di ritorno, questo è il momento.

Finita la burrasca ci si misura, si diventa consapevoli della propria forza e volontà, raggiungendo il rispetto di sé. A volte ci si rende conto anche di quanto si è stati stupidi o testardi, di quanto si è rischiato più del necessario. E c'è comunque una **rivelazione**, un riconoscimento, un'*epifania*.

Nel complesso mondo imprenditoriale, questa fase rappresenta un momento tanto positivo quanto delicato.

Superata la tempesta, l'azienda naviga nuovamente in acque tranquille. I problemi sono finalmente risolti, ma non è questo il momento di abbassare la guardia.

È solo un primo traguardo, il viaggio di crescita non è ancora terminato e – aggiungo - in un'azienda di successo non terminerà mai.

Giunti all'obiettivo bisogna stabilirne di nuovi e ripartire. *Questa è l'unica strada verso il successo!*

Anche se, in questa fase, il vero premio per l'imprenditore è la sua trasformazione personale, il raggiungimento della consapevolezza di sé e l'avere chiaro in mente cosa vuole davvero.

Riallacciandomi alla mia storia, al mio periodo di crisi, identificato con la prova centrale, il tesoro che ho ottenuto combattendo quella battaglia è stato vedere con chiarezza ciò che desideravo davvero, scoprire quale fosse la mia vera missione: aiutare le aziende nel loro percorso di successo.

Decima fase: La via del ritorno

In questa fase l'eroe si accinge a tornare nel suo mondo ordinario, ma le cose non saranno più come prima di partire, perché vi fa ritorno trasformato. Il mondo è sempre quello, ma lui no.

Nel viaggio di ritorno l'eroe dovrà affrontare le conseguenze dell'aver sfidato i suoi limiti e le sue paure, affrontando nuove sfide e tentazioni.

L'eroe non è ancora fuori dal percorso. La storia deve raccontare la sua decisione di tornare al mondo ordinario. Ed è un altro punto di svolta, un altro attraversamento di soglia.

Stiamo attraversando il momento in cui l'eroe comincia ad affrontare le conseguenze dell'aver sfidato le forze oscure durante la prova centrale. Se, infatti, non è ancora riuscito a riappacificarsi con le forze ostili, queste possono inseguirlo infuriate.

La fase della Via del Ritorno mette in evidenza la decisione di tornare al mondo ordinario. L'eroe si rende conto che deve lasciarsi alle spalle una volta per tutte il mondo straordinario e che prima di riuscirci lo attendono altri pericoli, tentazioni o prove.

Nel ritorno al *mondo ordinario* è importante che l'imprenditore mantenga la sua squadra unita e sempre allerta, cercando di dargli continuamente nuovi stimoli.

Bisogna resistere alla tentazione di rilassarsi, rischiando di trovarsi nuovamente in una situazione di stasi.

Ogni cambiamento, anche se migliorativo, può portare con sé nuove sfide, e bisogna essere pronti e organizzati per affrontarle.

Lo stesso discorso vale anche in assenza di una squadra, che verrà ricostituita nella fase finale.

Ritornando al mio viaggio personale, raggiunta la consapevolezza, ho dovuto far ricorso a tutte le mie forze e all'esperienza fino a quel punto maturata, per poter proseguire dritto verso il mio obiettivo, senza incorrere in ricadute e abbassare la guardia.

○   **Undicesima fase: La resurrezione**

In questa fase l'eroe si trova ad affrontare l'ultima prova, un'ultima battaglia prima di far ritorno, totalmente trasformato, al suo mondo ordinario, dove nulla sarà più come prima.

Non è la prova più grande, ma la definitiva. È come un esame finale per provare che si è imparata la lezione, dato che una cosa utile nel mondo straordinario non è detto che sia trasportabile in quello ordinario.

È la purificazione, che a volte prende la forma di un'ulteriore sfida. È il momento di mettere le carte in tavola. Sebbene si sia vinto, è ancora il momento difficile della *catarsi*, in cui si porta il materiale emozionale in superficie, facendo sì che la consapevolezza dell'eroe diventi anche di chi l'abbia osservata dall'esterno.

Come più volte affermato, ogni cambiamento porta con sé delle conseguenze.

Dopo il terremoto centrale, ci possono essere delle scosse di assestamento, prima di tornare alla quiete iniziale.

Ma se si rimane centrati sull'obiettivo raggiunto, sulla nuova identità acquisita, non bisogna temere alcuna scossa. Nuove turbolenze non faranno altro che affermare e rafforzare le peculiarità della nuova azienda.

Dodicesima fase: Il ritorno con l'elisir

In quest'ultima fase l'eroe fa ritorno nel suo mondo ordinario portando con sé un elisir, un oggetto o una tecnologia che porterà benefici all'intera umanità.

L'eroe è tornato definitivamente cambiato, portando con sé l'esperienza raggiunta, un dono da usare nel mondo ordinario. Il vecchio sé è morto e il *nuovo sé* è ormai immune da tentazioni.

La funzione di questa fase è quella di *concludere la storia*. L'eroe ritorna nel mondo ordinario, ma il viaggio non avrebbe senso, se non si portasse dietro qualche *tesoro* o *lezione* dal mondo straordinario. L'elisir, infatti, può consistere in un grande tesoro come il Graal, che sana magicamente una landa desolata, o semplicemente in conoscenze ed esperienze che un giorno potranno giovare alla comunità.

Per concludere e dare un significato a questo viaggio, bisogna condividere quanto in esso appreso, bisogna aiutare gli altri e, in alcuni casi, com'è successo a me, diventare loro mentore.

In termini pratici, è l'esempio dell'azienda che, cresciuta e migliorata, porta i suoi servizi evoluti a beneficio di tutti.

Nel mio viaggio personale, l'elisir che ho portato alla comunità ha un'identità e un nome ben preciso: MakeITlean.

Conclusione

Si conclude qui "Il viaggio dell'eroe", una conclusione temporanea perché, come già sottolineato più volte, bisogna sempre essere pronti a ripartire.

Nel precedente capitolo, nella mia biografia, puoi ritrovare ogni singola tappa di questo viaggio, al termine del quale, ho deciso di intraprendere la strada del mentoring, per condividere con gli altri gli insegnamenti acquisiti.

"Il viaggio dell'eroe" è un viaggio che prima o poi faranno tutti nella vita, un viaggio che molti hanno già fatto o stanno facendo, come te, che stai leggendo in questo momento. Per proseguirlo nella maniera migliore, devi solo capire a che punto del tragitto ti trovi, in quale delle dodici fasi.

Ti sarai sicuramente domandato perché proprio dodici fasi.

Io me lo sono chiesto e sono rimasto sorpreso nell'apprendere che il numero dodici è fortemente simbolico, in quanto rappresenta, non a caso, la **conclusione di un ciclo**.

Il dodici è considerato il più sacro fra i numeri, è il simbolo della prova iniziatica che permette di passare a un piano superiore, divino. Dodici sono le prove fisiche e mistiche che deve compiere l'iniziato, superate le quali si assiste a una trasformazione.

È curioso sapere, come anche nella numerologia, il dodici sia considerato un numero karmico, che simboleggia il sacrificio, gli ostacoli, i passaggi difficili e faticosi che conducono alla crescita. Rappresenta anche la creatività e l'immaginazione, doti fondamentali per intraprendere il viaggio di trasformazione.

Il dodici è stato un numero molto importante anche nella mitologia. Sono dodici le fatiche di Ercole, gli dei dell'Olimpo, il numero dei Titani e delle Titanidi, le tribù di Israele, i figli di Giacobbe, i discepoli di Gesù, i cavalieri della Tavola Rotonda, i mesi dell'anno, i segni zodiacali e così via.

Il dodici sarà un numero importante anche in questo nostro viaggio verso la consapevolezza e la rinascita, che intraprenderemo attraverso le pagine di questo libro: un viaggio le cui tappe si susseguiranno parallelamente alle dodici tappe del "viaggio dell'eroe" tra i più famosi, il viaggio di Ulisse e, in qualità di mentore, e quindi di Business Coach, ti chiedo di affidarti a me e di seguirmi in questa avventura dal reale trasformante e vivificante per la tua persona e la tua impresa!

CAPITOLO 2

"Prima tappa: la terra dei Ciconi – Gli ostili"

*"Il cambiamento è la legge della vita.
Quelli che guardano solo al passato e al presente,
sicuramente perderanno il futuro"*
- J. F. Kennedy -

Partiti!

E subito incontriamo la nostra prima tappa.

Nel viaggio di Ulisse, questa è rappresentata da *Ismara*, la capitale del regno dei Ciconi, dove l'eroe e i suoi uomini approdano con l'intento di cercare le provviste necessarie per il viaggio.

"Mi spinse prima il vento ad Ismaro, presso i Cicóni.
Qui la città misi a sacco, diedi morte agli uomini tutti.
E, tratte via dalle mura le donne, con molto bottino,
le dividemmo, ché niuno dovesse restar senza preda.

Quindi ai compagni dissi che a fuga volgessero il piede,
senza indugiare; ma darmi non vollero ascolto, gli stolti;
e molto vino pretto fu lí tracannato, e sgozzate
pecore molte, e grassi giovenchi sul lido del mare."[1]

Certo, il loro modo di "fare provviste" non è dei più tranquilli, visto che saccheggiano e distruggono la città, uccidendo molti guerrieri ciconi e facendo prigioniere le loro donne. Quando, poi, un esercito cicone, radunatosi per contrattaccare, li sorprende a banchettare con il bottino del saccheggio, Odisseo si vede costretto a fuggire, perdendo sei uomini per ciascuna delle sue dodici navi.

"Ora, durante il mattino, sinché l'almo giorno cresceva,
noi, sebben fossero piú numerosi, valemmo a frenarli;
ma quando l'ora piegò, nell'ora che sciolgono i bovi,
vinsero allora i Cicóni, travolsero oppressi gli Achei.

Per ogni nave, sei periron dei cari compagni:
noi sovra il mare potemmo fuggire il destino di morte.
Quindi, col cruccio nel cuore, spingemmo piú innanzi la nave,
lieti che in vita eravamo, piangendo i compagni perduti."

---

1 Per la traduzione italiana de "*L'Odissea*" la versione di riferimento, nel corso dell'intero libro, è quella a cura di Ettore Romagnoli, edita nel 1926.

Gli angoli d'azione innanzitutto sono due: da una parte abbiamo Ulisse e i suoi uomini, la cui irruzione porta decisamente scompiglio tra la popolazione di quella terra; dall'altra abbiamo i Ciconi, che reagiscono violentemente a un'azione altrettanto violenta.

Come si configura questa parte della storia all'interno del nostro percorso imprenditoriale?

Innanzitutto chi è Ulisse? Sei sempre tu!

Ossia l'imprenditore determinato ad apportare un cambiamento, il quale, quanto più radicale sentirà che debba essere quel cambiamento, tanto più "forte" opererà il suo intervento per dare una scossa alla routine aziendale conclamata.

Di fatto, l'inizio della trasformazione, proprio come il viaggio di Odisseo, è sempre turbolento. Non c'è ancora la consapevolezza di cosa si dovrà affrontare, ma si percepisce il pathos, l'impellente esigenza di una svolta radicale.

Questo comporta che si attuino decisioni inaspettate, che per i collaboratori potranno apparire addirittura prive di senso. Ma che effettivamente avranno un impatto anche aggressivo sul piano emotivo, che non dobbiamo correre il rischio di sottovalutare.

La figura dell'imprenditore/Ulisse scuote in questa fase, assume connotati irriconoscibili, apparentemente distruttivi, ma, se stiamo ben attenti, il lato vero e profondo dell'eroe emerge nella scena dell'incontro con il vecchio Marone:

"Ulisse fece irruzione anche nella casa di un vecchio di nome Marone, ma dopo essersi reso conto che si trattava

di un sacerdote, si astenne dal fargli del male. Marone per sdebitarsi regalò a Ulisse oggetti preziosi e dodici anfore di vino; con un otre del quale l'eroe itacese avrebbe in seguito ubriacato il ciclope Polifemo".

Perché questa scena è rivelatrice? Ci dice che sebbene l'eroe contribuisca a creare una situazione brutale, comunque la sua parte rispettosa e devota resta ed è rappresentata dalla consapevolezza che la modalità cruenta con cui ha affrontato il cambiamento non sia parte di lui, perché i suoi valori sono ben radicati nella coscienza, ma lo richiede la condizione esterna vissuta.

In azienda e nella vita, serve distruggere per riedificare, togliere con la forza ai pochi per ridistribuire ai molti, uccidere nemici per viaggiare sicuri, ma preservare al contempo il buono presente nel caos. Lo capisce, l'eroe, proprio grazie all'incontro con un sacerdote, una figura che non può essere violata e che rappresenta in pieno il mentore: un uomo saggio, che non dà ricette o soluzioni rapide, ma indica una via, consiglia, in questo caso "riconosce" le qualità del re di Itaca, nonostante il dolore causato.

Ma tutto ciò provoca la reazione degli abitanti del luogo, i Ciconi, che vanno in protezione rispetto a quanto subiscono, cominciando a boicottare il cambiamento e a difendere il proprio territorio.

Nell'equipollente viaggio dell'eroe-imprenditore, i Ciconi rappresentano il primo ostacolo: gli **OSTILI**.

Chi sono? Figure radicali situate all'interno dell'azienda, che rimangono intrappolate nel loro piccolo spazio di conoscenza, contrastando con caparbietà ogni tentativo di trasformazione.

Mentre l'imprenditore sta organizzando la sua squadra per l'imminente cambiamento, gli ostili, esattamente come i ciconi, difendono il loro territorio, chiudendosi in un atteggiamento passivo e autoreferenziale, legato solo alle proprie idee, al proprio modo di vedere e alle proprie esperienze.

- *"Perché a sessant'anni devo rimettere in discussione il mio modo di lavorare, ricominciando tutto da capo?";*

- *"Dopo il cambiamento sarò ancora un punto di riferimento per i miei colleghi?";*

- *"Io sono cresciuto con quest'azienda, cosa possono saperne loro più di me, se sono appena arrivati?".*

Sono solo alcuni degli interrogativi che riecheggiano ininterrottamente nella testa degli ostili.

Quest'atteggiamento paralizzante può risultare un grande problema per l'azienda, soprattutto se si considera il fatto che, per essa, *cambiare* significa "rimanere in vita".

E, per attuare un cambiamento, è importante che siano in primo luogo le persone a cambiare, a reagire in modo positivo alle mutazioni.

È un processo che richiede fatica, in quanto non è facile uscire dagli automatismi consolidati nel tempo, che vengono messi in pratica senza difficoltà e senza doversi porre in discussione.

La resistenza culturale all'interno di un'azienda è uno degli ostacoli più grandi e tipici all'innovazione, ma come si può affrontare?

⊙ L'approccio Win-Win

Uno degli atteggiamenti migliori che l'imprenditore possa mettere in campo per far accettare alla sua squadra il cambiamento, è quello designato come "*win-win*", che pone in evidenza i vantaggi del cambiamento stesso, attraverso uno storytelling semplice, efficace, coinvolgente e rassicurante.

La strategia del win-win è altresì detta del "vincere insieme" ed è il modo di pensare e agire che porta i gruppi a costruire un legame sincero, creare fiducia e prendere decisioni ottimali.

Una volta generata, poi, la fiducia produce attenzione e desiderio di raggiungere insieme gli obiettivi. Questo perché anche fisiologicamente, i comportamenti win-win generano ossitocina, dopamina e tanta adrenalina nelle figure coinvolte.

Il principio di fondo, dunque, parte dal presupposto che ogni conflitto porta rotture e nessun vero vincitore. Vincere a tutti i costi a scapito di qualcuno ha tra gli svantaggi quello di creare un nuovo avversario o nemico.

L'atteggiamento win-win invece supporta un altro messaggio: "Proviamo a vincere insieme!".

Vincere e non combattere è un valore che permette a tutti di essere vincenti, senza produrre dei nemici.

Esistono trucchi più efficaci per far sì che ciò avvenga.

Il primo è senza dubbio quello di focalizzarsi sugli interessi comuni e non sulle posizioni. È lecito in una squadra avere posizioni differenti, ma è stupido rimanerci a oltranza, perché in tal modo non si risolve nulla. Al contrario, cerchiamo un punto d'incontro: proviamo a guardare gli interessi comuni in un progetto di collaborazione, per arrivare ad accordi vantaggiosi per entrambi.

Ma come fare a trovare interessi comuni?

La risposta è semplicissima: offrendo alternative!

Questo dobbiamo fare: concentrarci sugli aspetti importanti che interessano la persona con cui interagiamo. Da lì prende vita il momento di brainstorming, la fase della tempesta di idee per trovare soluzioni alternative... anche folli.

Concedere è parte integrante di tale strategia. È la fase creativa della trattativa, in cui pensare diversamente, guardare oltre, può essere davvero determinante.

Per esperienza, però, mi sento chiamato a portare all'attenzione una constatazione reale: con gli ostili quest'approccio potrebbe non bastare.

Essi, infatti, sono così radicati nelle proprie idee, pretendendo dimostrazioni e risposte immediate - evento difficile nel percorso di trasformazione - che, spesso, obbligano il leader a non avere altro modo se non dominarli con la forza.

Forza che, però, non vuol dire aggressività, bensì polso duro, determinazione, grande fiducia in sé stessi e nelle proprie idee. Si può essere determinati anche attraverso la gentilezza che, nello scontro con gli ostili, potrebbe essere, facendo nuovamente riferimento alla mitologia, un ottimo Cavallo di Troia.

◉ Il ruolo del mentore nel cambiamento

Essendo comunque il cambiamento un evento molto difficile, delicato e spesso doloroso, sarebbe opportuno affidarlo a un mentore, un professionista, il *Business Coach* nello specifico, in modo da creare un supporto ulteriore non solo per te, leader, ma anche per la tua squadra, rendendo il passaggio meno complesso, più strutturato e strategico.

Il Business Coach, figura sempre più presente oggi nelle questioni aziendali, ha indubbiamente la capacità di catalizzare la forza degli ostili e farli diventare degli alleati per il viaggio; senza il suo intervento risolutivo, che funge da traino per il leader, l'energia per gestirli alla lunga potrebbe diventare qualcosa di insostenibile, pregiudicando la buona riuscita del cambiamento.

Nelle mie vesti di Business Coach, posso assicurarti che gli ostili sono molto presenti nelle aziende; mi è capitato, infatti, di incontrarli quasi in ogni realtà aziendale in cui è stato richiesto il mio intervento.

Generalmente sono persone cresciute con l'azienda che, negli anni, non hanno mai cambiato ambiente, acquisendo nel tempo il loro spazio e la loro leadership, esercitando liberamente la propria autorità e soprattutto il loro sapere.

Conoscono perfettamente i punti deboli dell'imprenditore e sono in grado di sfruttarli senza problemi per continuare a manipolare le dinamiche quotidiane, di fronte all'impotenza degli altri.

Il caso

In merito, vorrei sottoporti a titolo esemplificativo, una situazione alquanto particolare che mi sono ritrovato a gestire e risolvere non molto tempo fa.

Ho avuto a che fare con un'azienda abbastanza importante e in piena crescita, nella quale il responsabile dei sistemi informativi era riuscito nel tempo a condizionare pesantemente tutti i processi dell'azienda, rendendo necessario il suo intervento per qualsiasi cosa.

La situazione era evidente agli occhi di tutti i suoi colleghi, i quali erano talmente soggiogati che non osavano neppure instaurare una discussione con lui, accettando, loro malgrado, le sue imposizioni sul metodo di lavorare.

L'imprenditore stesso, non avendo competenza in merito, era in forte difficoltà e non aveva alternativa se non accettare la situazione, consapevole della dipendenza che si era generata.

L'aspetto più grave era che tutto ciò stava creando notevoli difficoltà nei confronti dei clienti, compromettendo la crescita aziendale.

L'intervento in questo caso è durato circa un anno, l'imprenditore mi ha concesso l'opportunità di lavorare secondo i miei tempi e, soprattutto, i tempi giusti per risolvere un caso così complicato, concedendomi la fiducia necessaria.

Ho iniziato con una fase di assessment, in cui ho capito che quella persona riteneva tutto il resto dei colleghi "non all'altezza" della situazione, né si sentiva riconosciuto per quello che valeva.

Una persona molto razionale che, nelle sue azioni, non considerava minimamente l'impatto umano.

Ho quindi utilizzato tutte le mie competenze e conoscenze informatiche e dei processi, grazie anche al mio trascorso in azienda, dove per anni, avevo rivestito lo stesso ruolo, anche se con un'interpretazione molto diversa.

Ho guadagnato la sua fiducia dimostrandomi all'altezza di quanto si aspettava da un uomo di esperienza meritevole della sua stima e, pian piano, ho cominciato a fargli notare alcuni aspetti umani, facendolo avvicinare ai colleghi fino al punto di riuscire a creare dei momenti di condivisione e discussione, momenti in cui, a volte anche in modo brusco, sono emersi aspetti del passato mai chiariti, che avevano incrinato i rapporti.

Un simile intervento di successo lo devo indubbiamente alla mia capacità di entrare in empatia con le persone e, grazie alla fiducia guadagnata, di controllare e gestire situazioni complesse.

Alla fine, l'*ostile* e io, siamo addirittura diventati amici: ci sentiamo ancora adesso di rado, ed è diventato, poi, il mio più grande alleato nell'approntare i giusti processi per uscire da quella situazione di impasse aziendale.

A volte però può capitare che gli ostili non riescano ad allinearsi al cambiamento, in questo caso s'innesca un turnover spontaneo, al cui termine si ottiene una squadra compatta, perfettamente centrata e allineata all'obiettivo.

In conclusione, la gestione del cambiamento è un processo molto delicato e di fondamentale importanza per un'azienda, in quanto ne determina il successo, è necessario quindi lasciarsi aiutare e affidarsi a esperti.

Ricorda che il *mentore* ha già vissuto quello che stai vivendo, ed è quindi l'unico in grado di consigliarti e di guidarti verso la risoluzione.

Egli ha un bagaglio di successi e fallimenti che gli dona una visione generale e completa delle cose e, per questo, può aiutarti a osservare l'ostacolo da una diversa angolazione.

Dove tu vorresti arrivare lui è arrivato da tempo, ha già conosciuto e superato quella tappa del viaggio ed è pronto a condividerne con te ogni insegnamento acquisito.

CAPITOLO 3

"Seconda tappa: la terra dei Lotofagi – Gli ignavi"

Eccoci giunti alla seconda tappa del nostro viaggio.

"Di qui per nove giorni fui spinto da venti nemici sovra il pescoso mare. Nel decimo, infine, giungemmo dei Lotòfagi al suolo, che cibano fiori di loto.

*Qui dalle navi al lido scendemmo, attingemmo dell'acqua,
ed i compagni presso la nave imbandiron la mensa.*

*Quando rempiuti poi si furon di cibo e di vino,
io dei compagni spedii, che andassero a chieder notizie,
che gente fosse quella che pane in quei luoghi pasceva:
due dei compagni scelsi, per terzo v'aggiunsi l'araldo.*

*Súbito andarono, e giunser vicino ai Lotòfagi. E questi
non macchinarono danno veruno ai diletti compagni:
anzi, cibare i frutti soavi li fecer del loto.*

*E chi d'essi gustava quel frutto piú dolce del miele,
piú non voleva tornare, recar non voleva il messaggio;
ma rimanere lí volea coi Lotòfagi, e loto
perennemente gustare, né darsi pensier del ritorno. "*

Nel IX Libro dell'Odissea Ulisse e i suoi uomini, dopo
nove giorni di tempesta, giungono nella terra dei Lotofagi,
antichi abitanti della Cirenaica, che si cibano esclusivamente di fiori di Loto, da cui il nome del popolo. Questi ac-
colgono bene i compagni di Ulisse, inviati in avanscoperta,
e gli offrono proprio il loro alimento preferito, che però possiede la proprietà di far perdere la memoria, di indurre chi
se ne ciba nell'oblio. I compagni di Ulisse mangiano il loto
e, anestetizzati da esso, dimenticano il loro obiettivo primario, quello di tornare a casa. A questo punto Ulisse si trova
a dover imbarcare i compagni a forza e a prendere subito il
largo per evitare che tutto l'equipaggio, mangiando il loto,
dimentichi la patria, fermandosi a vita su quell'isola.

In azienda, quali sono le figure analoghe ai lotofagi, questi uomini che, di fatto, vivono una condizione perenne di sopore, di dimenticanza delle priorità?

Sono gli **ignavi**, coloro che, anestetizzati dalla quotidiana routine e dalla zona di comfort in cui essa alberga, hanno dimenticato l'obiettivo primario collettivo: la crescita e il successo dell'azienda.

Cosa fanno gli ignavi aziendali? Glissano, evitano i cambiamenti necessari per uscire fuori dalle avversità o anche semplicemente per migliorare, nascondendosi dietro la frase, che ormai conoscerai benissimo: "Abbiamo sempre fatto così!".

Gli ignavi preferiscono rimandare una decisione scomoda perché significherebbe affrontare una sfida, e per farlo c'è bisogno di coraggio. Il coraggio, a sua volta, quello vero, richiede una grandissima lucidità, una fortissima presenza di spirito e consapevolezza del bene personale e comune. Questa tipologia di collaboratori, invece, spaventata dal cambiamento, lo elude, trincerandosi dietro frasi del tipo: "Ora non è il momento giusto", "Forse in un secondo momento", "Vedrai che non funzionerà", e rimangono prigionieri della loro zona di comfort, impedendosi di raggiungere il massimo del loro potenziale, privando di conseguenza l'azienda di massimizzare il suo rendimento.

Il cambiamento è un rischio, ma in un'azienda, come nella vita, il rischio più grande è non rischiare! Chi non rischia nulla non fa nulla, non ha nulla e non è nulla. Può evitare le preoccupazioni, la fatica, le sofferenze, ma non può imparare, cambiare, crescere ed evolversi.

È stimato che, davanti a un cambiamento, il 20% del personale di un'azienda si ponga in modo contrario, un altro 20% sia a favore e il restante 60%, caratterizzato dagli ignavi appunto, non prenda alcuna posizione.

Ma perché tanta resistenza al cambiamento?

Perché farsi vincere dalla paura, frenando tutta l'organizzazione?

Modificare il modo di lavorare delle persone è un'impresa davvero ardua, perché si va a sollecitare e sconvolgere abitudini consolidate e rafforzate nel tempo, e sulle quali, inoltre, si è costruita una parte significativa della cultura e delle competenze aziendali.

⊙ Abitudini "Pericolose"

D'altronde, le abitudini permettono di carburare in folle, cioè di andare al risparmio di energie mentali e ridurre in tal modo lo stress quotidiano. Sotto questo punto di vista, possiamo riconoscere che sia umano cercare di mantenerle.

Ma quando diventano un fattore penalizzante?

Quando si ostinano a mantenere in vita schemi non più validi, ormai superati, non più in grado di rispondere alle esigenze per cui erano stati pensati e utilizzati.

Quando in azienda questo diventa il tran-tran quotidiano, è necessario ancora di più pretendere una trasformazione radicale, che estirpi, cioè, alla radice l'erba cattiva dell'ignavia.

Ma come fare? Non sempre agire di forza e tentare di abbattere con armi pesanti porta realmente al cambiamento sperato. Nella maggior parte dei casi diventa utile analizzare cosa si cela dietro a questa resistenza, così da comprendere anche quali modalità attuare per cercare di superarla concretamente.

Nella mia esperienza, ho potuto constatare l'esistenza di dinamiche interne ben precise, che poi si riversano esternamente nelle forme di apatia che ben conosciamo.

1. IL RISCHIO DI UN CAMBIAMENTO VIENE PERCEPITO COME MAGGIORE RISPETTO AL RESTARE FERMI

   Se ci pensiamo, mettere in atto un cambiamento rappresenta quasi un atto di fede: si accetta di incamminarsi verso una direzione ignota, che promette un miglioramento. Ma dove sono gli elementi di garanzia? Assenti! Per molte persone basarsi solo su un atto di fede è impossibile. Percepiscono il rischio e rinunciano. Non sono contrari al miglioramento aziendale, ma costitutivamente incapaci di accettare il rischio dell'ignoto. Come aiutarli? Sviluppando un'onesta analisi dei rischi e mostrando i risultati in modo oggettivo, basandosi su numeri e fatti.

2. LE PERSONE SI SENTONO PARTE DI UN GRUPPO E SI IDENTIFICANO CON UN CERTO MODO DI LAVORARE

   L'uomo è un essere sociale, ciò comporta anche che tenda a identificarsi con il lavoro che svolge nel modo in cui lo svolge, arrivando a stringere un legame anche affettivo con il suo lavoro e le persone con cui collabora. Non è possibile accettare che da un giorno all'altro tutto questo non vada più bene e debba essere sostituito da altro. È chiaro che sia necessario muoversi con tatto e diplomazia nel presentare l'esigenza. Il modo migliore, a mio avviso, resta sempre quello di riportare la situazione in termini analitici, incontrovertibili, in modo che gli stessi collaboratori colgano le oggettive criticità e arrivino alle stesse conclusioni.

3. INCAPACITÀ DI IMMAGINARE IL PROPRIO RUOLO DOPO IL CAMBIAMENTO
Siamo in piena crisi identitaria! Non prendiamo sottogamba questo aspetto: il timore, davanti a una trasformazione, di perdita d'identità e/o di posizione organizzativa è importante. Sarà fondamentale esplicitare in termini chiari il modello organizzativo a cui si vuole arrivare, perché tutti possano ritrovare il proprio ruolo, magari diverso da prima, ma ugualmente rilevante. Ricordiamoci l'importanza di fare chiarezza circa i meccanismi operativi del nuovo modello, pena: il rischio di essere additati come visionari che orbitano fuori dalla realtà e di sentirsi rivolgere obiezioni lapidarie, del tipo: "Non si può fare", quando occorre solo attuare una collaborazione sul *come* farlo.

4. PAURA DI NON POSSEDERE LE COMPETENZE PER IL NUOVO RUOLO
Questo è un timore che difficilmente viene ammesso.

Pertanto diventa complicato intercettarlo durante le riunioni e i colloqui, ma va comunque considerato, perché è subdolo, agisce di sottofondo ed è pericoloso affrontarlo di petto. Perciò quello che posso consigliare è sicuramente l'importanza di predisporre per tempo un adeguato programma di formazione e, se necessario, una riconversione professionale. Attento! Considera la possibilità che nel fare questo, possano arrivare accuse di dispersione delle competenze e dei saperi sviluppati nel tempo. Tutti prima o poi dovranno farsene una ragione.

5. SENSO DI AFFATICAMENTO E DI SOPRAFFA-ZIONE DI FRONTE ALL'ESIGENZA DI CAMBIA-MENTO
Qui siamo nel campo delle abitudini lavorative. Una volta metabolizzato un determinato modo di lavorare, scattano automatismi, risparmio energetico e abbassamento dei livelli di stress.
La possibilità di inserire un cambiamento o delle novità in tutto questo, lo mette a repentaglio, facendo emergere in automatico l'esigenza di opporre resistenza. Ecco perché è opportuno introdurre con gradualità ciascun mutamento, in modo da consentire ai collaboratori di assimilarne i contenuti, apprezzandone con il tempo i benefici.

6. SCETTICISMO VERSO LE NOVITÀ
Spesso i collaboratori hanno bisogno che gli obiettivi individuati siano eclatanti, altrimenti non rie-

scono ad attivarsi, restano nelle retrovie e mandano avanti gli altri. Se, al contrario, percepiscono odore di successo e di nuove opportunità dietro l'iniziativa, di sicuro si muoveranno per essere tra i primi ad arruolarsi. Presentare un bel quadro dei benefici attesi e delle possibilità per chi prenderà parte al processo di cambiamento, potrebbe essere la chiave di sblocco anche dei più ritrosi.

7. CONSERVATORI PER ISTINTO
Questo è il palese risultato dell'evoluzione della specie. Anche i collaboratori più convinti e solidi sono consapevoli che, partecipare a un'azione di cambiamento, potrebbe significare ritrovarsi contro una parte dell'organizzazione. Ciò intimorisce e può tradursi in una fuga. Qui diventa fondamentale l'atteggiamento del manager, che per primo è chiamato a palesare la sua motivazione e la sua determinazione nel perseguire il cambiamento.

8. SINCERA CONVINZIONE CHE IL CAMBIAMENTO PROPOSTO NON POSSA FUNZIONARE
Onestamente? Questo è il gruppo che preferisco, soprattutto perché può dare un contributo determinante all'organizzazione in questa fase di trasformazione, se attivamente coinvolto sin dalla fase di progettazione. Da cosa dipende il loro scetticismo? Non da remore o timori personali, ma metodologici, cioè dalla modalità con cui è stato pensato e strutturato il cambiamento. Pertanto, coinvolgere queste

figure sin dalla definizione del piano di implementazione può rappresentare un primo passo verso il successo dell'operazione e – perché no? - verso il consenso anche del resto dell'organizzazione.

Come per il racconto omerico, anche in questo caso è l'imprenditore a essere determinante.

Cosa fa Ulisse, compreso il pericolo derivante dall'aver mangiato i fiori di Loto?

> *"Io li condussi a forza, che pianto versavano, al lido,*
> *li trascinai su le navi, li spinsi e legai sotto i banchi.*
> *Poi diedi súbito l'ordine agli altri diletti compagni*
> *d'entrare senza indugio nei rapidi legni, ché alcuno*
> *piú non cibasse loto, ponendo il ritorno in oblio."*

Prende con forza i suoi uomini, incurante delle loro suppliche, li trascina sulla nave spingendoli all'interno e, addirittura, li lega per non permettergli di uscire. Dunque dà l'ordine di ripartire di gran carriera e di non mangiare più per alcuna ragione quel cibo ingannatore.

Cosa ci insegna Ulisse?

Cosa deve fare, dunque, l'imprenditore di fronte ai suoi collaboratori ignavi?

Deve svegliarli dall'oblio, attuando un sistema di cambiamento shock, previo un check-up iniziale, che porti quanto prima a risultati concreti, facendo leva su quel 20% di collaboratori a favore, di cui abbiamo parlato sopra.

Gli ignavi, infatti, vanno dove li porta il vento, e tendono a seguire il più forte.

Sia ben chiaro che – è importante esserne consapevole a priori –, nonostante tutti gli sforzi profusi, rimarrà sempre un 5% di irriducibili, gli ostili della tappa precedente, ma non importa: bisogna salvare il salvabile!

Come prima cosa, l'imprenditore dovrà quindi individuare gli ignavi, già di per sé compito non facile perché, non prendendo posizioni decise, si mimetizzano facilmente.

Successivamente dovrà essere in grado di rianimarli, facendogli comprendere a pieno l'importanza della posizione che ricoprono e spronandoli a riappropriarsi del loro ruolo.

Il ruolo del mentore nello scovare e spronare gli ignavi

È un'impresa ardua, che spesso richiede il decisivo intervento di un esperto, il mentore.

Perché il suo apporto risulta necessario?

Perché con la sua esperienza, ma anche capacità di oggettivazione, il mentore riesce a fotografare la situazione, individuando gli ignavi, come anche le azioni più rapide ed efficaci per spronarli e convincerli all'azione. Questo creerà di conseguenza un clima più adatto ad affrontare il cambiamento.

Il caso

Al riguardo, ricordo una delle esperienze più sfidanti e complesse che ho vissuto, relativa a un'importante azienda di divani del made in Italy, che mi ha richiesto, insieme a un mio collaboratore, circa un anno e mezzo d'intervento.

All'origine la situazione era abbastanza complessa: nell'azienda convivevano due generazioni di una stessa famiglia, all'interno della quale alcuni membri avevano dato un'interpretazione piuttosto personale ai propri ruoli - e parliamo di ruoli chiave!

La situazione era per certi versi molto chiara tra i membri di entrambe le generazioni, ma per altri collaboratori, che avevano oltretutto modalità di gestione poco trasparenti e problematiche, non lo era affatto.

L'azienda aveva deciso da tempo di abbracciare i principi del Lean Thinking ma, nonostante tutto, i materiali continuavano spesso a mancare, provocando forti ritardi e fermi produttivi.

La conseguenza di questa ingente problematica gestionale era l'eccessiva occupazione degli spazi da parte del materiale tolto dalle linee di produzione, in attesa di essere terminato.

Inoltre, molto spesso, il prodotto finito non veniva spedito velocemente, ma sostava in magazzino per diverso tempo, causando anche in questo caso una notevole e non più gestibile occupazione dello spazio.

Essendo in piena crescita e avendo esaurito tutti gli spazi disponibili, l'azienda stava addirittura pensando di acquistare un nuovo stabilimento, un onere aggiuntivo che in quel momento di difficoltà sarebbe stato meglio non affrontare.

Era evidente che il problema si trovasse nell'approvvigionamento del materiale, ma la cosa veniva data come scontata e si faceva poco o nulla per sistemare l'anomalia. E sì, la risposta di tutti al problema era: "È sempre stato così".

Non solo, il problema aggiuntivo era che la parte degli approvvigionamenti fosse presidiata da un componente della famiglia che non aveva la minima voglia di migliorare le cose, anzi, trovava il suo modo di fare perfettamente adeguato ed era riuscito a convincere tutti gli altri che meglio di così non si potesse fare: "Abbiamo sempre fatto così", "È giusto così". Ma *giusto* per chi? Non certo per l'azienda.

Ecco scovato l'ignavo e, dopo lui, i suoi seguaci!

Nell'organo direttivo aziendale, soltanto una persona aveva l'intenzione di venirne a capo e uscire da quella situazione bloccante, anche se era onestamente molto scettica sul da farsi, perché si trovava sola.

Mi misi all'opera e individuai in breve tempo tutti i collaboratori che si reputavano favorevoli al cambiamento e, facendo leva proprio su di loro, con numeri e dati alla mano, riuscii a convincere tutti gli esponenti delle due generazioni, ignavi compresi, che fino a quel momento avevano portato avanti un approccio troppo leggero al problema, dando vita alla situazione incresciosa in cui si trovavano. Allo stesso tempo, però, li convinsi altresì che nulla fosse definitivo e che la situazione poteva ancora essere cambiata in meglio.

Tempo, esperienza, pazienza, arguzia - e un paio di eventi casuali - sono stati i miei alleati nel condurre, con il giusto clima, l'azienda al cambiamento e a un risultato davvero clamoroso.

In soli pochi mesi si è raggiunta una riduzione dei ritardi di circa l'80%, con un aumento della produttività molto importante.

A testimonianza del successo raggiunto, a distanza di ben cinque anni, l'azienda ha raddoppiato il suo fatturato, senza per questo aver dovuto acquistare nuovi spazi.

Cosa voglio dirti con questo?

Di certo vorrei farti notare che avere accanto un "consigliere" esperto, un consulente preparato, vuol dire svoltare con decisione, imboccando proprio la strada che porta al successo.

Ovviamente si tratta di una strada faticosa, il cambiamento non è mai facile, ma la ricompensa che si trova al suo termine vale ogni sforzo profuso.

Garanzia di Business Coach!

CAPITOLO 4

"Terza tappa: la terra dei Ciclopi – Astuzia e rispetto, armi vincenti contro il nemico"

"L'astuzia è l'arte di celare i nostri difetti e di scoprire le debolezze degli altri"
- William Hazlitt -

In questa tappa ti mostrerò come l'astuzia e il rispetto possano essere delle potenti armi contro gli ostacoli che bloccano il successo della tua azienda.

Strategia e gentilezza sono un connubio vincente, e ora vediamo insieme come.

"Quivi dinanzi a un porto un'isola bassa si stende,
né troppo presso, né troppo lontana dal suol dei Ciclopi,
tutta coperta di selve. Qui crescono a torme infinite
capre selvagge: ché mai non vien passo d'uomo a scacciarle,
né cacciatore v'approda, di quelli che stentan la vita

per le foreste, seguendo le fiere sui greppi montani,
né le possiede pastore, né gente che scalzi le zolle;
ma non solcata mai dall'aratro, non mai seminata,
d'uomini è vuota; e solo nutrica le capre belanti."

Nella terza tappa del viaggio mitologico, Ulisse approda nella terra dei Ciclopi dove, mai pago di visitare e conoscere, anche in situazioni di pericolo, si avventura con un gruppo di uomini nel territorio di questi giganti antropofagi con un occhio solo. Qui rimane intrappolato all'interno della grotta del brutale Polifemo, il quale comincia a mangiare a due a due i suoi compagni. L'eroe, a questo punto, escogita tre stratagemmi per salvarsi: ubriacato Polifemo con del vino che portava sempre con sé, gli rivela di chiamarsi "Nessuno" e, come il ciclope si addormenta, insieme ai compagni sopravvissuti, lo accecano con un palo incandescente.

Alle urla di dolore di Polifemo, i Ciclopi accorsi non riescono a comprendere cosa sia successo, infatti, alla domanda su chi sia stato a fargli del male, Polifemo risponde ossessivamente: "Nessuno!".

In un secondo momento, poi, nascosti sotto al ventre delle pecore di Polifemo, Ulisse e i suoi compagni riescono a evadere dalla grotta.

◉ L'astuzia e i Nemici

Chiaramente, in questa fase viene messo in risalto l'aspetto più importante e personalizzante di Ulisse, una caratteristica che accomuna molti eroi: l'**astuzia**.

Infatti, l'epiteto tra i più famosi e complessi con cui viene definito il nostro eroe, cioè ***politropo***, ovvero multiforme, sta a indicare una personalità ricca di astuzia e di conoscenza, che ha viaggiato e conosciuto cose proibite agli altri mortali, in pratica un personaggio dai mille volti.

Di fatto, Odisseo, nella storia dell'epica greca è da tutti riconosciuto come il personaggio più umano, perciò diverso dagli altri: è legato alla terra, alle cose più umili e mortali. Nelle sue avventure mantiene la sua umanità nella forma della curiosità e della voglia di scoprire; tuttavia, si trova sempre in bilico fra il suo essere uomo e il voler raggiungere e conoscere il divino. Ancora oggi ci affascina perché mostra come noi debolezze e difetti, non è un eroe perfetto o il re delle imprese, in quanto non intraprende il suo viaggio per essere eroe, ma per conoscere nuovi mondi.

Cosa ci insegna l'astuzia di Ulisse?

Nell'accezione comune, oggi, l'astuzia è considerata una dote positiva. L'astuto, anche qualora faccia danni, passa comunque per individuo intelligente e acuto. Possiamo affermare che rappresenti l'emblema dell'eroe del nostro tempo: abile manipolatore, esperto nell'illudere riguardo alle proprie capacità, ma anche incapace di analizzare il punto di vista altrui, se non in funzione del proprio vantaggio. Allo stesso tempo è considerato avido al punto che prova gusto nell'ottenere vantaggio a discapito del prossimo, anche quando non ce n'è alcun bisogno. È un prevaricatore, estremamente convinto delle proprie doti, con l'obiettivo di raggiungere i suoi scopi.

Di fatto, sono ingenti i danni che l'astuzia può provocare agli uomini, con tutta l'energia spesa per gestirne le conseguenze: ma l'astuto, anche se punito, come vedremo nel corso della narrazione delle avventure di Ulisse, non perde mai il suo senso di superiorità, arrivando al punto di fare la vittima, incolpando tutti tranne che sé stesso.

In soldoni, l'astuto è un millantatore, uno che vende sé stesso, cambiando a seconda delle esigenze, privo di consistenza, che non vende nulla se non pura apparenza.

Non deve stupire che una simile figura sia protagonista in una società come la nostra, in cui tutto si basa sulla reazione emotiva. Nella mia carriera, ne ho conosciuti tantissimi di astuti; taluni, poi, una volta smascherati, hanno subìto un progresso in maturità. Ma, in genere, è facile da riconoscere nel gruppo: si pone con arroganza, ma anche con estrema intelligenza, dissociando il suo agire dal giudizio nei confronti di sé stesso.

L'eroe astuto emerge, sempre e comunque, sugli altri e raffigura una tipologia umana eterna, come mostra la letteratura e la cultura.

Ogni volta che mi soffermo su tale figura, presente anche nella vita di tutti i giorni, vedo brillare soprattutto questa somma qualità, che è appunto l'**astuzia**.

Chi sono, invece, i Ciclopi in azienda oggi?

Nel viaggio parallelo dell'eroe/imprenditore i Ciclopi rappresentano i **nemici** dell'azienda, esterni o interni che siano, sono tutti coloro che ne ostacolano la crescita, portandola al fallimento.

Ma cerchiamo di scendere in profondità.

La parola "nemico" deriva dal latino "*inimicus*", che possiamo tradurre con "cattivo amico". Questo è proprio il punto più importante: i nemici della tua azienda sono proprio i "cattivi amici", quelle persone fidate che crediamo amiche, con le quali siamo anche emotivamente coinvolti; gli estranei difficilmente potranno farci tanto male.

In azienda, dunque, i maggiori danni arrivano da dentro e non da fuori! E non corriamo il rischio di pensare che il nemico sia la concorrenza, eh no! I concorrenti non sono necessariamente nemici, anzi. Il concorrente leale è sempre fonte di beneficio per la nostra azienda, perché ci tiene all'erta, pronti, è una presenza vivificante, che ci mette in sfida e ci aiuta a migliorare.

Semmai la burocrazia, i sistemi ingarbugliati che ci impongono le leggi, quelli anche se esterni possono essere nemici dell'Impresa, nel momento in cui la danneggiano sottraendo risorse, motivazione ed energia.

Ma, come dicevo, è all'interno dell'impresa che troviamo nascoste molte tipologie di nemici.

Partiamo dal più grande, il più pericoloso dei cattivi amici che da imprenditore ti ritroverai ad affrontare: te stesso. In che occasione? Sicuramente, quando non fai nulla per identificare e neutralizzare o allontanare le figure che danneggiano la tua azienda, te e il Team.

Da imprenditore, infatti, sei a capo di un Team di persone, hai la responsabilità di un'impresa, sei tu ad avere in mano il timone e stabilire la rotta, pertanto, se non intervieni a salvaguardia di tutto questo, diventi il principale nemico da affrontare.

Oggi più che mai, le imprese per emergere, avere successo e mantenerlo nel tempo hanno bisogno di collaboratori allineati, che condividano la *Vision aziendale*, legati da valori comuni, lealtà ed etica, che insieme, indicano la *Mission* e gli obiettivi conclamati.

I comportamenti non etici, invece, mettono in pericolo i rapporti, il team e l'impresa stessa. Infatti, il vero collante che tiene unite le persone all'interno di un Team è la **fiducia**. Senza lealtà, la fiducia non può nascere, men che meno sopravvivere.

Perciò, tutti coloro i quali minano la fiducia all'interno dell'azienda sono i nemici più pericolosi, dopo te stesso. Tra di essi troviamo chi per abitudine fa il "doppio gioco" o la "terza parte", vale a dire coloro che dietro al loro comportamento nascondono un mondo tutt'altro che pulito! Parlo anche di tutti coloro che danno il cattivo esempio, gli incoerenti, i "vedo ma non vedo", gli egoisti e gli ipocriti, ovvero chi sa di situazioni dannose per l'azienda e tace, fa finta di niente, gira la testa dall'altra parte, quando invece potrebbe metterti in guardia. Inizialmente, a dire il vero, questi collaboratori non partono con cattive intenzioni, cercano di sopravvivere come meglio credono, spesso sono persone pavide, che cercano di mantenere il proprio orticello senza prendere posizione. Eppure, con un po' di coraggio, di metodi eleganti e discreti per essere leali ce ne sarebbero, eccome.

Facciamo degli esempi pratici: è un "cattivo amico" dell'azienda chi sa che un suo collega parla male del titolare, del servizio, dell'impresa; chi sa che un manager intrattiene rapporti di lavoro presso la concorrenza o sta per aprire una propria azienda nello stesso ambito; chi sa che un collega è cronicamente ritardatario e qualche collega connivente gli timbra il cartellino... E tace! Insomma, gli esempi possono essere infiniti, ma ciò che conta maggiormente è che chi diventa complice e omertoso sta procurando un danno a tutti, proprio perché tacere è un atteggiamento sleale. Non ci metteranno molto a passare anche loro dalla parte del torto, perché sono entrati a far parte di un sistema viziato, disordinato, per cui sarà solo questione di tempo. In ogni caso, non sono persone delle quali è possibile fidarsi.

Altri nemici nascosti ne abbiamo? Beh, sicuramente quelli che rubano sotto forme apparentemente innocue: tipo gonfiare il conto del rimborso spese oppure dichiarando che fanno mille km a settimana, quando invece ne fanno la metà, oppure quelli che la benzina la pagano più degli altri, quelli che sprecano risorse perché "tanto paga l'azienda", etc. Hai capito il tipo, insomma. Ecco, questi danneggiano perché rubano; e il fatto che lo facciano in tanti non vuol dire che sia giusto, né che sia normale. Su questo non esistono compromessi.

Poi ci sono quelli che guadagnano più di quanto meritano. Accettano una situazione di evidente "fuori scambio", pur sapendo di non meritare tutto quello che ottengono, perché poco produttivi, poco efficaci, poco impegnati, etc.

Tutti questi collaboratori si chiamano nemici: ladri di risorse, sleali nei confronti del Team, dell'Impresa, di Te. E fai attenzione, perché tu, imprenditore, potresti essere il primo a permettere che questo accada, facendoti addirittura scrupoli a intervenire. Potresti essere tu il primo a fingere di non vedere, peggiorando ulteriormente la situazione. In questo caso, sei tu che mandi fuori scambio un collaboratore, sei tu che accetti le talpe, sei tu che non intervieni... ecco perché il primo nemico puoi essere tu stesso.

Compito del Leader è essere focalizzato sul bene, sintonizzato sulle energie positive, deve alimentare alleanze, valorizzare e far vincere chi è amico del team, guidandolo verso gli obiettivi comuni e prendendosi cura delle strategie della visione aziendale, e, per farlo serenamente e al meglio, a volte ha bisogno di eliminare zavorre, di correggere situazioni non etiche, di neutralizzare possibili nemici e di allontanare quelli che danneggiano il Team.

Come per Ulisse nella grotta di Polifemo, diventa di fondamentale importanza che l'imprenditore mantenga la calma di fronte all'avversario e lo studi a fondo per escogitare un piano vincente.

Infatti, nel caso del nostro eroe, nessuno sa che è stato lui ad accecare il ciclope, quindi egli sarebbe al sicuro, ma non resiste in un secondo momento a rivelare al nemico che è stato proprio "Ulisse re di Itaca" a vincerlo.

Molti libri riportano questa sua rivelazione come "l'errore di Ulisse", eppure non si tratta di un errore d'impulso, ma di un gesto perfettamente intenzionale e consapevole: Odisseo desidera che Polifemo sappia chi lo ha ingannato, perché ne è orgoglioso, ne è fiero, è felice di riconoscere il suo ingegno di uomo.

Proprio per questo non è totalmente da emulare: nonostante l'esemplare astuzia, così facendo, ha commesso davvero un grande errore! L'eroe, appena assaporato il gusto della vittoria, si prende gioco del nemico, beffeggiandolo. Tale comportamento gli costerà caro, ritardando ulteriormente il suo ritorno a casa: Polifemo, infatti, racconterà ogni cosa al padre Poseidone, il quale scatenerà una tempesta contro Ulisse e le sue navi proprio verso la fine del viaggio, facendolo naufragare sull'isola dei Feaci, a pochi passi da Itaca.

Questo aneddoto deve essere da monito per tutti gli imprenditori: va bene intervenire, ma **mai mancare di rispetto al proprio rivale!**

Questo perché non esistono persone "cattive", esistono solo persone *diverse* da noi, e non per questo dobbiamo sopraffarle e denigrarle. Anche Polifemo non è cattivo, segue semplicemente la sua natura di gigante mangiatore di uomini. Non dobbiamo quindi calpestare chi lavora con noi, anche se siamo in disaccordo, la nostra autorevolezza non deve passare per l'umiliazione, altrimenti rischieremmo di perdere di credibilità, non solo nei confronti dei nostri rivali, ma anche nei confronti degli altri. All'interno dell'azienda non ci devono essere perdenti perché si è, allo stesso modo, tutti vincitori.

● Il ruolo del mentore nell'integrazione del gruppo

Gentilezza, quindi, da parte dell'imprenditore e grande affabilità da parte del **mentore** che, anche in questo caso, si rivela una figura essenziale per la risoluzione.

Per chiunque, la capacità di essere "Nessuno" è fondamentale per essere accettati in un ambiente nuovo: mettersi al servizio e rispettare i ruoli di chi già presidia il territorio, senza per questo perdere la propria identità, è fondamentale nel mentore/Business Coach per potersi integrare con il gruppo. Questo di per sé può essere considerato un atto di **astuzia** fatto a fin di bene, ma che è necessario per acquisire la fiducia e poter condurre la squadra al successo.

Quante imprese, quanti progetti falliscono perché questa integrazione non avviene e, invece di mettersi a disposizione, il mentore/Business Coach si presenta con arroganza e superiorità. In queste situazioni l'errore fatale è quello di utilizzare il ruolo di guida per manipolare la situazione al fine di un proprio tornaconto, invece di mantenere il giusto rispetto e condurre tutti alla crescita e all'evoluzione.

Umiltà e gentilezza, invece, sono doti fondamentali per predisporre l'interlocutore all'ascolto, farsi accettare e seguire.

L'imprenditore stesso, a volte, ha bisogno di sentirsi rassicurato con la presenza di un "Nessuno" che sa dove vuole arrivare, ma allo stesso tempo non tollera che "Nessuno" glielo faccia notare, pena: un rigurgito di orgoglio che spazza via tutto.

Diciamo che l'astuzia, insieme alla giusta dose di umiltà e gentilezza, può essere l'ingrediente perfetto per vincere nemici molto più forti, senza conseguenze. Facile da dire, ma a volte molto difficile da applicare, soprattutto per chi sa di valere.

● Il caso

Ricordo ancora, e penso che non la dimenticherò mai, la frase con cui mi accolse un operaio anziano, proprio il primo giorno in cui prestavo soccorso a un'azienda: "Qui non ci salva neppure il Santissimo".

Era uno dei miei primi incarichi, dopo aver chiuso il capitolo come lavoratore dipendente e aver deciso di percorrere in autonomia la mia strada. Quest'accoglienza non fu incoraggiante, ma le sfide mi sono sempre piaciute, così la raccolsi anche con molto entusiasmo.

L'azienda era una di quelle storiche nel settore del mobile ed era stata una delle prime a convertire l'offerta dal mobile in stile classico a quello moderno; da poco tempo aveva avviato un processo di trasformazione verso la Lean Production.

Il progetto non era stato proprio vincente e lo stato in cui versava l'azienda era a dir poco preoccupante.

Aveva chiuso l'ultimo esercizio con EBIT negativo di oltre tre milioni di euro e l'imprenditore era disperato, perché non sapeva da che parte poter recuperare per ricoprire quella perdita.

Il clima in generale era di alta sfiducia ed erano tutti completamente demotivati. Fondamentalmente, non avevano accettato il cambiamento, forse perché non erano stati adeguatamente preparati allo stesso, trovandosi in un clima di frustrazione totale per quello che stava avvenendo.

In azienda erano stati inseriti degli impianti di verniciatura per eliminare il magazzino dei pannelli verniciati e produrre tutto con logica "Just In Time", tipica del Lean Thinking.

In merito, però, non era stata creata la giusta cultura aziendale e c'era un'altissima percentuale di pezzi scartati: uno su quattro in sostanza era da rifare. Un simile disallineamento nel processo produttivo si era inevitabilmente riversato sui clienti, i quali si lamentavano della qualità, con la conseguenza di un'alta percentuale di resi. I tempi di consegna, inoltre, erano aumentati in modo importante.

Aggiungo anche che, dati i risultati economici, l'azienda aveva deciso di aderire alla cassa integrazione, con l'inevitabile conseguenza che il personale assente a rotazione ammontava a circa il 10%. Inoltre c'erano anche situazioni paradossali, come dipendenti che avevano più di sei mesi di ferie arretrate, da dover smaltire con urgenza assoluta.

A posteriori, ogni volta che ci ripenso, non so esattamente cosa mi abbia spinto ad accettare una sfida così incredibile, forse una buona dose di incoscienza o forse la voglia di dimostrare a me stesso fino a dove potessi arrivare.

Fatto sta che sono sempre più convinto di aver fatto una sorta di miracolo, ottenendo nel giro di un anno:

- Riduzione dei tempi di consegna del 15%;
- Riduzione del 25% delle assistenze post-vendita;
- Aumento della capacità produttiva media del 20%;
- Aumento della puntualità fino a raggiungere il 100%;

- Azzeramento dei ritardi dovuti alla difettosità;
- Recupero del 12% degli spazi utilizzati come magazzino;

Mi sono dedicato anima e corpo a questo caso e i risultati sono stati clamorosi, grazie anche alla collaborazione dei dipendenti: persone disponibili e in prima linea, desiderose di mettersi in gioco e sanare la situazione.

In virtù delle mie conoscenze e competenze, adottando interventi rapidi ma efficaci, ho saputo guadagnare la fiducia e la stima anche di tutti coloro che ormai erano fortemente demotivati.

Ma la cosa che più ha fatto la differenza è stata la mia capacità di affrontare l'ostacolo più grande: i cosiddetti "irriducibili", quelle persone presenti in azienda da decenni, ostili a prescindere verso qualsiasi tipo di innovazione.

La mia capacità di leadership nel mantenere il pugno duro, senza cadere nelle loro trappole, anzi, utilizzando costantemente la gentilezza come leva, li ha spiazzati e li ha disarmati, fino al punto di farli diventare miei alleati, salvo uno o due casi che si sono risolti con l'allontanamento volontario verso altri incarichi.

Posso affermare, quindi, senza pretese, ma con la massima lucidità che, in questo caso, far leva sulla gentilezza è stato il mio atto di astuzia, il mio "Cavallo di Troia". A questo proposito desidero ringraziare mia madre, per avermi trasmesso la capacità di essere gentile anche nei momenti più difficili.

Questa esperienza per me è stata evolutiva, mi ha reso consapevole delle mie capacità nel guidare l'innovazione.

Inoltre, a distanza di più di dieci anni, l'essere ancora cercato da quei dipendenti, anche solo per gli auguri di Natale o di Pasqua, mi rende assolutamente consapevole di ciò che ho fatto.

Ecco perché, prima di approdare alla prossima tappa, vorrei, invece, introdurre l'importanza di una virtù che si è dimostrata fondamentale lungo il tragitto finora percorso, oserei definirla "la" virtù essenziale per un imprenditore di successo: l'**umiltà.**

E non a caso la inserisco in conclusione di questa tappa, volutamente a far da contrappunto alla caratteristica con cui abbiamo aperto, cioè l'astuzia.

L'umiltà per l'imprenditore non sta a significare in alcun modo "sottomissione", ma rappresenta quella peculiare capacità di saper individuare e mantenere il proprio giusto posto all'interno del sistema e saperlo fare anche con gli altri.

La persona umile non ritiene le sue conoscenze e capacità superiori a quelle altrui, non le usa per sopraffare e non si commisera per quanto ancora non conosce. Ma si prende i complimenti, quello sì, sapendo riconoscere la qualità del proprio lavoro, senza mai distogliere lo sguardo dalla strada che ancora deve fare per migliorarsi sempre di più.

Chi è umile non si nasconde, neanche di fronte alle sue mancanze. Essere umili significa far tesoro di ciò che si ha, prendendosene cura, coltivandolo per crescere e diventare migliori.

L'umiltà ci rende disponibili all'ascolto, all'empatia e al rispetto degli altri.

Non ci fa essere detentori arroganti della verità assoluta e, cosa importante, ci rende capaci di **chiedere aiuto.**

CAPITOLO 5

"Quarta tappa: l'isola di Eolo – La fermezza"

"Il mio segreto? Ho creduto in me stesso quando nessun altro lo ha fatto"
- Elon Musk -

Scappati finalmente dal ciclope e dalle sue "discutibili" abitudini alimentari, il gruppo arriva presso quello che noi oggi conosciamo come l'arcipelago delle Eolie, nello specifico presso l'isola di Lipari, dimora di un allora mortale Eolo, a cui gli Dei avevano affidato l'arduo compito di gestire i venti che dimoravano nelle grotte di quelle terre. Alla fine della sua vita, per la fedeltà e la capacità dimostrata, fu insignito dell'immortalità, divenendo a pieno titolo la divinità dei venti.

Quando Ulisse e i suoi uomini approdano a Lipari, vengono subito accolti dall'ospitalità di Eolo per circa un mese.

Così ce la racconta Omero per bocca dello stesso eroe acheo:

"Ecco, ed all'isola Eolia giungemmo. Qui aveva soggiorno
Èolo, figlio d'Ippòta, diletto ai Signori d'Olimpo.
Vagante era quell'isola. Attorno un gran muro di bronzo
la circondava, infrangibile, e lisce muraglie di pietra.

Dodici figli con lui vivevano dentro la reggia,
sei giovinette, e sei figli nel primo vigore degli anni.
Esso le figlie aveva concesse in ispose ai figliuoli;
e tutti accanto al padre diletto e a la nobile madre
passano il tempo in conviti. Vivande hanno pronte lì sempre,

a mille a mille; e il giorno vapora la casa di fumi,
suona di canti: la notte, vicino alle spose pudiche,
dormono sopra tappeti, su letti tagliati a traforo.
Dunque, alla loro città giungemmo, a la bella dimora.
Ei m'ospitò per un mese, mi chiese notizie di tutto:

Ilio, le navi Argive, com'eran tornati gli Achei;
ed io, punto per punto, risposi a ciascuna domanda."

Quando Ulisse decide di ripartire, Eolo gli offre la possibilità di tornare felicemente in patria, donandogli un otre, al cui interno sono racchiusi i venti contrari alla navigazione.

I compagni di Ulisse, però, quando già cominciano a scorgersi le coste di Itaca, convinti che l'otre contenga molti tesori, l'aprono, scatenando così una terribile tempesta, che li riporterà nelle Eolie.

" Dunque, per nove dí, navigammo di notte e di giorno:
nel decimo era già comparsa la terra natale,

e vedevamo i pastori, già prossimi, accendere i fuochi.
Quivi un soave sonno m'invase, ché tanto ero stanco,
poi che al timone sempre seduto ero stato, né ad altri
mai l'affidai dei compagni, per giunger piú presto alla patria.
E cominciarono l'uno con l'altro i compagni a cianciare,

a dir ch'oro ed argento recavo nell'otre, e donato
l'aveva Èolo a me, d'Ippòta il munifico figlio.
E si guardavano, e tali discorsi uno all'altro faceva:
"Oh vedi quest'Ulisse, com'è caro a tutti e onorato,
qualunque sia città, qualunque paese ove giunga!

Quante ricchezze porta con sé, dal bottino di Troia!
E invece noi, che abbiamo compiuto lo stesso viaggio,
ce ne dobbiamo a casa tornar con un pugno di mosche.
E adesso Èolo, poi, per dargli una prova d'affetto,

*questo po' po' di regalo gli ha fatto! — Su, svelti, vediamo
che cosa c'è, quant'argento, quant'oro contiene quell'otre".
Questo dicevano; e infine prevalse il malvagio consiglio.
Sciolsero l'otre; e tutti d'un tratto scoppiarono i venti;
e la repente procella, ghermita la nave, nel mare
li trascinò, piangenti, lontan dalla patria."*

◉ Sfiducia e ostilità nel cambiamento

Andiamo subito ad analizzare insieme le analogie di questa quarta fase del viaggio mitologico con quello imprenditoriale.

Giunti finalmente alla quarta tappa ci troviamo a fare i conti con i **collaboratori che non hanno fiducia in noi**.

E quando un collaboratore non si fida di noi, cosa accade?

Accade che con le sue azioni può scatenare altre ostilità che, in un momento di trasformazione, sarebbero causa di rallentamenti, ma, in generale, porterebbero solo perdita di energia interna all'azienda.

L'argomento principe di questa tappa, dunque, è la **fiducia** in tutte le sue declinazioni: la fiducia del team verso il leader, la fiducia del leader verso il team e, non ultima, anzi, fondamentale, la fiducia del leader in sé stesso.

Sono consapevole della difficoltà dell'argomento e trattarlo per me non è certo un compito semplice, dato che la fiducia arriva e cresce con il tempo. Ma va detto: è una delle componenti fondamentali per il successo di un'impresa, infatti è cruciale per avere una squadra coinvolta e produttiva. Credimi, potrai investire in ogni forma di strumento aggregativo: team building, formazione, incentivi etc. quanto vorrai, ma senza la *fiducia*, nessun collaboratore sarà stimolato a seguire le tue indicazioni.

E questo perché *fiducia significa leadership*!

Ma per avere riconosciuta la leadership da parte del tuo team devi dimostrare affidabilità.

A questo punto la domanda vien da sé:

come diventare un leader affidabile per la tua squadra?

Nel mio percorso di crescita personale, prima, e di affiancamento agli imprenditori, poi, mi son trovato spesso di fronte a palesi casi simili e posso dire che venirne fuori non è per niente semplice. Anzi, implica, prima di tutto da parte del leader stesso, una volontà e una costanza ferree per diventare padrone della situazione. In particolare, ho individuato dei punti che, in modo schematico, voglio condividere con te, di grande supporto ed efficacia per conquistare l'appoggio e la fiducia del tuo gruppo di lavoro.

1. FATTI CONOSCERE

    Le persone cominciano a fidarsi quando conoscono e comprendono chi hanno davanti. Quindi, il primo passo da compiere è lasciare che gli altri vedano chi sei.

    Quando ti approcci a un nuovo team, prenditi tutto il tempo per presentarti, raccontando il tuo background lavorativo, certo, ma anche aggiungendo informazioni personali, ma non intime, che consentano ai membri di farsi un'idea di te più completa e familiare. Se ciò non avviene, lascerai alla loro fantasia il compito di coprire le falle che hai lasciato e l'immagine che si faranno di te sarà ben poco rispondente alla realtà.

Per aiutare questo processo di "familiarizzazione", concediti del tempo per socializzare con colleghi e collaboratori, magari al bar in pausa pranzo, alla macchinetta del caffè o dopo l'orario lavorativo. Insomma, di momenti per farlo ne puoi trovare e/o creare a iosa: sbizzarrisciti!

2. SII COERENTE

Chi si fiderebbe di chi "predica bene e razzola male"? Nessuno, neanche tu. Perciò la chiave per la fiducia sicuramente sta anche nella coerenza: in soldoni, fai ciò che dici e dì ciò che fai. D'altronde le persone potranno fidarsi di te solo se dimostrerai di mantenere quello che prometti. Al contrario, saresti tacciato di inaffidabilità, minando in modo definitivo la tua capacità di leadership.

Lavora sempre sulla sincerità della relazione: qualora non fossi sicuro di essere in grado di portare a termine qualcosa, comunicalo senza vergogna. Anzi, la tua onestà ti renderà più umano e credibile agli occhi dei tuoi collaboratori.

E non dimenticarti mai di assumerti la responsabilità del tuo operato. Imponiti di portare a termine tutti gli impegni che hai assicurato di concludere, anche se questo ti richiedesse di chiudersi davanti ad altre richieste.

3. LEADER, NON BOSS

   Quante volte l'avrai sentito questo consiglio? Su LinkedIn quotidianamente passano post e creatives con frasi fatte come questa, anche solo per acquisire consensi. Ma per te è molto più che una frasetta strappa like: è alla stregua di un comandamento! Essere un leader significa farsi carico della responsabilità dell'intero sistema e dirigerlo prima di tutto con l'esempio. È comunicare con le tue azioni di essere il primo tra loro, non sopra di loro a imporre autorità come fosse una grazia di stato, come farebbe un boss, appunto.

   Guidare il tuo team con l'esempio dice loro che sei in grado di coinvolgerlo in ciò che fai e, così facendo, di ispirarlo, perché il tuo gruppo vedrà in te un modello e in modo naturale si adeguerà ai tuoi standard umani e lavorativi.

4. LEADER = RESPONSABILE

   L'ho già anticipato, ma questo aspetto merita una voce dedicata per l'importanza che riveste nel processo di fiducia aziendale. Se sei il leader e detti il ritmo e il clima aziendale, insegna al tuo team come essere e sentirsi responsabile del vostro lavoro, assumendoti tu per primo la responsabilità delle tue azioni e delle tue decisioni.

   Ovviamente, risulta molto semplice nel momento in cui le cose procedono per il giusto verso, ma cosa mi dici di quando, invece, vengono a crearsi situazioni difficili?

Ecco, in quei casi, nonostante la tentazione, non abbassare mai il livello della tua leadership cercando un capro espiatorio! Assumiti la responsabilità, gli altri ti seguiranno e, insieme, riuscirete a risollevare le sorti del progetto o della stessa impresa.

Allo stesso modo, di fronte alle vittorie, condividi il merito: è stato un gioco di squadra? Allora è la squadra intera a vincere. Non fare come molti boss egoici, che si prendono tutto il merito, quando si vince e fanno ricadere le colpe sulla squadra, quando si perde. Un leader prima di tutto cerca un giusto equilibrio, consapevole che, senza la squadra, quella vittoria non sarebbe mai arrivata. Premia il gruppo, fa' che siano i tuoi collaboratori a salire sul podio e a ricevere il premio, consapevole che il tuo premio è tutto ciò che hai costruito con loro. Questo non potrà che tradursi in fiducia assoluta da parte di chi lavora con te. Anzi, a livello di employer branding sarà solo un vantaggio, ti assicuro che si farà la fila fuori dalla tua azienda per far vivere un simile clima aziendale, conquistando tra le tue fila le figure più idonee sul mercato, per puntare e raggiungere obiettivi aziendali sempre maggiori.

5. FIDATI E SI FIDERANNO

Altra declinazione fondamentale della fiducia è quella che tu riesci a dare ai collaboratori.

L'equazione per cui la fiducia che il tuo gruppo è disposto a darti corrisponde a quella che tu riponi nei suoi membri è lapalissiana. Possiamo anche semplificare con l'espressione: "più dai fiducia, più ne riceverai". Il succo è lo stesso.

L'atteggiamento da cui ti devi guardare è quello di ficcare il naso ovunque, con il chiaro intento di gestire il lavoro dei tuoi dipendenti fin nei minimi dettagli, ostacolando ogni tentativo di autonomia e responsabilità individuale, salvo poi lamentarsi e arrabbiarti con loro, qualora ci fossero delle defaillance. Non essere despota, padrone e giudice allo stesso tempo. Lascia libertà d'azione ai tuoi collaboratori. Li hai voluti in squadra con te per le loro capacità e il loro profilo umano e professionale? Fidati! Altrimenti uno a uno scapperanno, andando a dare dimostrazione delle rispettive competenze nel gruppo di un altro leader più lungimirante.

Quanti collaboratori bravissimi e di oggettivo valore aggiunto in azienda si fanno scappare con questo atteggiamento di sfiducia e controllo ossessivo. Ovviamente, resta tuo compito quello di assicurarti in prima istanza che tutti abbiano ben chiaro cosa ti aspetti da loro e quali siano i tuoi parametri di valutazione. Sii illuminante e diretto con tutti, ma lasciagli raggio d'azione sufficiente per dimostrare il proprio valore e preparare la strada alla corretta assunzione di responsabilità reciproca.

6.   SENZA MAI PERDERE L'UMILTA'
Quando ti trovi a lavorare con un team di collaboratori fidati e capaci, stai sicuro che quelli ne sapranno molto più di te sull'azienda, sul loro lavoro e

persino sul tuo. Siine consapevole e dimostraglielo con un atteggiamento di disponibilità e apertura a imparare anche da loro.

Anche nel caso di nuovi team di lavoro, non partire prevenuto, non cercare di sconvolgere la loro prassi, per imporre la tua visione a tutti i costi. Ricordati che anche loro arrivano con un bagaglio di esperienza spendibile in questa nuova collaborazione, permettigli di farne buon uso per il bene collettivo. Soprattutto, questo atteggiamento di riconoscere e accettare il posto di ciascuno nel team rappresenta proprio una questione di rispetto, in primis per le persone, poi anche per il tempo e gli sforzi che il gruppo ha profuso per dare vita e magari rendere proficuo un proprio modus operandi.

7.   LAVORA SULLA BUONA COMUNICAZIONE

Altra pietra miliare da coltivare in modo ineccepibile è la corretta comunicazione. Parti sicuramente da un buon ascolto della tua squadra, ma concentrati anche su una chiara e diretta comunicazione dei tuoi pensieri e delle tue richieste.

Un team aziendale è composto da persone in correlazione d'intenti, ciascuno con il proprio stile comunicativo. Pertanto, cerca di comprendere le modalità più adeguate per interagire con tutti, adattandoti proprio allo stile di chi hai davanti, in tal modo potrai essere certo che recepisca bene il tuo messaggio. Per averne certezza ulteriore, una volta comunicato quanto hai da dire, non temere di porre domande per capire se l'altro ha davvero compreso.

Ricorda, inoltre, che non comunichiamo solo con la voce, ma anche con il corpo, i gesti, le espressioni, cioè con quello che viene chiamato linguaggio paraverbale. Quindi, se vuoi essere percepito come un leader, muoviti come un leader, presta attenzione a come occupi lo spazio, a come lo possiedi. Cosa voglio dire? Prova a riflettere: ti fideresti di un leader sempre con il capo chino, le spalle curve e che non sia capace di guardarti negli occhi? Assolutamente no. Comunicherebbe debolezza, insicurezza, timore. Al contrario, un leader ben piantato nel suo spazio, con spalle dritte, sguardo diretto e padrone del suo corpo potenzierà ogni pensiero, direzione, indicazione che rivolgerà ai membri del suo staff.

8. MOTIVA, MOTIVA, MOTIVA!
    Saper motivare il tuo gruppo di lavoro è una tua prerogativa. Per farlo, ovviamente, dovrai saper molto bene cosa riesca a infondere carica ed entusiasmo, per dare luogo a un ambiente lavorativo ottimale e incentivare tutti a dare il proprio meglio.
    Proprio quando il tuo team avverte il tuo interesse sincero su di loro, come, appunto, la dimostrazione di sapere cosa possa rendere tutti delle bombe di motivazione, la fiducia nei tuoi confronti aumenta esponenzialmente. Ricorda molto il Principio di Reciprocità del buon Cialdini, ma sta di fatto che funziona.

9. TIENI IL TEAM AGGIORNATO

Sai qual è uno dei nemici più infidi di un team aziendale? Mantenere segreti! Il tenere nascosto qualcosa ai tuoi collaboratori o, peggio, il fatto che qualcuno tenga nascoste delle informazioni a te, può solo che distruggere il clima di fiducia e collaborazione sana, che tenti di creare e mantenere con tanta fatica. Tu per primo non tenere le persone che lavorano con te all'oscuro di ciò che accade o di ciò che hai in mente di fare.

Al contrario, mantieni regolarmente informati tutti i membri del team. Il modo sceglilo tu: via mail, con riunioni, con una newsletter o un incontro personale, come credi che le persone riescano a recepire meglio, basta che lo fai!

Rendere tutti partecipi, facendoli sentire importanti per l'azienda e per te, non farà che potenziare il senso di appartenenza e di fiducia generale e personale.

10. CREA UNA MENTALITÀ DA SQUADRA

Forse ti sarà già venuto in mente in più punti, ma, andando a tirare le somme, quanto ti ho raccomandato finora, non è altro che l'emanazione di un mindset di squadra! Per crearne uno solido non puoi mai prescindere dalla pazienza, in fondo, neppure Roma fu edificata in un giorno, no?

Ma di certo puoi provare a velocizzare i tempi con un escamotage: ottieni una rapida vittoria!

Un po' come ci siamo detti già nel capitolo precedente nei confronti dei tiepidi, quel 60% di persone nell'azienda che fungono da banderuole agitate dal vento che tira all'occorrenza, per creare un clima di fiducia raggiungi velocemente un traguardo.

Individua un obiettivo importante e significativo che reputi alla tua portata e che per il tuo team possa essere raggiungibile in tempi brevi. Una volta ottenuto, celebra il successo con il team, sottolineando l'impegno di tutti e riconoscendo dei meriti a chi ha dato maggiormente. Questo ti aiuterà a trasmettere rapidamente un'ottima impressione di te, riuscendo a influenzare positivamente l'idea generale che i tuoi collaboratori si stanno facendo della tua leadership.

11. LA FIDUCIA PARTE DA TE

Naturalmente, per riuscire nei punti finora presentati, non puoi prescindere da una profonda conoscenza di te stesso, delle tue capacità e dei ritmi di lavoro che sei in grado di mantenere.

Per riuscire a essere un modello di riferimento valido, devi prestare attenzione a diversi aspetti che riguardano te stesso e le relazioni con i tuoi collaboratori.

Nei confronti di te stesso ne individuo soprattutto tre:

- **Onestà:** sii vero e trasparente con tutti;
- **Integrità:** segui e rispetta un codice morale solido;
- **Autenticità:** sii semplicemente te stesso, senza fingere di essere diverso.

Nei confronti delle relazioni aziendali te ne propongo, invece, almeno cinque:

- **Rispetto:** tratta sempre gli altri come vuoi essere trattato tu;
- **Lealtà:** abbi cura delle persone che collaborano con te;
- **Equanimità:** sii imparziale e sereno nel prendere posizioni o nel pronunciare giudizi;
- **Ascolto:** lascia parlare regolarmente i collaboratori, dagli libertà di espressione, soprattutto quando ti diranno cose non piacevoli;
- **Riconoscimento:** apprezza e incoraggia apertamente in pubblico, gratifica il tuo staff.

Soprattutto quando si è in fase di cambiamento bisogna essere davvero tosti perché, anche le persone che abbiamo vicino, potrebbero non credere in noi. In particolare, quando si comincia a intravedere il successo, l'invidia di chi ci sta accanto, e, torno a ripetere, anche delle persone più fidate, può determinare notevoli rallentamenti, e di questo è opportuno esserne consapevoli. La capacità di accettare che ciò possa succedere è fondamentale per prepararsi alle conseguenze che ne potrebbero scaturire. Conseguenze di fronte alle quali bisogna necessariamente essere centrati su sé stessi, avendo chiaro il proprio obiettivo.

La vera sfida, infatti, non è l'affrontare la mancanza di fiducia degli altri verso di noi, la vera sfida, la più grande, è avere fiducia in noi stessi e sentire dentro di noi, che le delusioni, i tradimenti e le avversità non ci spezzeranno.

Dobbiamo essere capaci di gestire la situazione nonostante ciò che gli altri fanno o non fanno. Quando ci fidiamo di noi, delle nostre capacità, delle nostre percezioni, possiamo affrontare ogni cosa. Avere fiducia in noi stessi vuol dire saper prendere decisioni anche se non è garantito il loro buon esito, vuol dire sapersi assumere il rischio.

È una fiducia profonda che ci dona un senso di sicurezza e fermezza, indipendentemente dalle circostanze esterne.

Questo però non significa credere di essere perfetti, ma credere nelle proprie capacità di riuscire a superare anche un eventuale errore, un fallimento.

Ricorda che gli sbagli fanno parte del viaggio e offrono sempre un'opportunità di crescita.

In conclusione, la fiducia in noi stessi è la verità più importante per riceverne dagli altri, dobbiamo esserne consapevoli ed essere, quindi, centrati su di noi e solidi.

○ Il ruolo del mentore nel superare il tradimento

Trovare questa centralità, questa fermezza, non è comunque una cosa facile, va detto, e affrontare un "tradimento" in un momento delicato di trasformazione, di fermezza ne richiede tanta.

Anche in questo caso, avere vicino qualcuno che possa aiutarci a capire la situazione, può essere fondamentale per non perdersi.

E non pensate che il tradimento, soprattutto di chi crediamo essere il nostro migliore alleato, sia una cosa rara, incorrereste in un pericoloso errore.

Posso immaginare che a qualcuno questa circostanza possa risuonare strana, ma ti assicuro che per me è abbastanza familiare. Nelle aziende dove opero, ne vedo continuamente di queste situazioni, e ne sono capitate anche a me, personalmente.

Non dimenticare che il Business Coach, o mentore se preferisci, ha già vissuto tutto sulla sua pelle.

Anch'io, infatti, sono stato tradito e non è stato per nulla facile metabolizzare l'increscioso evento, anzi!

● Il caso

Con la mia azienda MakeITlean, avevo iniziato un'attività con un cliente, col quale flirtavo da anni, che stava inserendo in azienda un impianto di produzione di nuova concezione totalmente con logica just in time, e che ci aveva chiesto di gestire la situazione in modo tale da ridurre l'impatto in azienda dell'innovazione, facendola accettare in modo naturale.

Avevo concordato con il mio collaboratore una linea che tendesse a coinvolgere le persone ed evitare attriti o incomprensioni.

Ovviamente le provocazioni erano all'ordine del giorno e qualsiasi situazione veniva strumentalizzata per cercare di metterci in cattiva luce e far passare la scelta dell'imprenditore come qualcosa di sbagliato.

Gli ostili e gli ignavi, ahimè, sono figure massivamente presenti in tutte le aziende, tienilo sempre in mente.

Era veramente difficile gestire questa situazione ma era l'unica strada per poter ottenere successo nel progetto. Avere, infatti, anche le persone più contrarie come alleati era fondamentale.

Avevamo concordato che il cliente fosse gestito dal mio collaboratore e che io facessi da supporto con presenze più sporadiche.

All'inizio le cose sembrarono prendere la piega prevista ma, ben presto, tutto cominciò a incrinarsi e le difficoltà iniziarono a essere veramente importanti. Il mio collaboratore, nonostante l'esperienza e tutto il supporto che continuavo a dargli, cominciò a cedere e a fare esattamente il contrario di quanto avevamo concordato. I contrasti aumentarono sempre di più e la situazione in azienda cominciò a essere al limite.

L'imprenditore mi chiamò, manifestandomi tutto il suo disappunto verso quello che stavamo facendo e, soprattutto, verso il mio collaboratore.

A questo punto, compresi che dovevo immediatamente prendere in mano la situazione, tolsi così l'incarico al mio collaboratore e mi occupai personalmente del progetto. Non vi nego che fu una bella avventura, non fu facile riprendersi la fiducia delle persone e fare in modo che credessero in me e nel piano che stavo attuando. Ci volle un po' di tempo ma, nel giro di un paio di mesi, riuscii nel mio intento, creando quel clima di collaborazione e interesse che ci permise di portare a termine, e aggiungerei con successo, l'attività.

La cosa che venne più apprezzata, fu sicuramente la mia franchezza e la mia determinazione, nei confronti del fornitore dell'impianto, nel fargli rispettare le scadenze e nel fargli assumere le proprie responsabilità, mantenendo fede alle specifiche concordate.

Oggi, a distanza di tempo, ho mantenuto un bellissimo rapporto con questo cliente, il quale, con mia grande sorpresa, ogni volta che vado a trovarlo, non smette più di ringraziarmi per averlo aiutato in quel progetto per lui così importante.

Ah, dimenticavo... l'impianto ovviamente è partito nei tempi pianificati con le caratteristiche prestabilite e, dopo qualche mese di rodaggio, è andato completamente a regime, garantendo quel raddoppio atteso di produttività.

In conclusione posso affermare che "non tutti i mali vengono per nuocere"!

Nel mio caso, infatti, il tradimento e la perdita del mio collaboratore si sono rivelati una doppia opportunità: per me come crescita e per l'azienda come realizzazione di un importante progetto.

Ricorda che anche nelle situazioni negative c'è sempre un risvolto positivo, bisogna solo guardare oltre per trovarlo... parola di mentore!

CAPITOLO 6

"Quinta tappa: la terra dei Lestrigoni – La sconfitta"

"Che cos'è la sconfitta? Nient'altro che imparare,
nient'altro che il primo passo verso qualcosa di meglio"
- Wendell Phillips -

La quinta tappa è il momento della **solitudine**, dell'**abbandono**, della **riflessione**, ma soprattutto della **crescita**.

"Quivi giungemmo, in un porto bellissimo: d'ambe le parti
muri di rocce si levano altissimi, a cingerlo tutto,
sorgono promontori sporgenti dinanzi alla bocca,

l'uno di fronte all'altro: sicché molto angusto è l'ingresso.
Tutte qui dentro i compagni recaron le navi eleganti.
Tulte all'ormeggio così fûr legate nel concavo porto,
l'una vicina all'altra: ché quivi né poco né molto
mai non si gonfia il flutto; ma sempre v'è bianca bonaccia,

Io solamente la bianca mia nave trattenni al di fuori,
ad un estremo del porto legando la gómena a un masso.
Poi, sovra un'alta asceso vedetta di rupi, mi stetti.
Quivi non opra di bovi, non opra apparia di bifolchi;
ma vedevamo fumo soltanto levarsi da terra.

E dei compagni allora mandai, che prendesser parola,
quale mai gente fosse che pane in quei luoghi cibava."

Dopo essere stato cacciato da Eolo, Ulisse, con il cruccio nel cuore, giunge presso l'isola di Lamia.

I capitani della sua flotta entrano a vele spiegate nel porto di Telepilo, chiuso tutto intorno da rocce scoscese, spingendo le navi in secco lungo un sentiero che serpeggia verso la vallata. Ulisse, sempre più cauto dei suoi compagni, lega la sua nave a un albero all'imboccatura del porto e invia tre uomini in ricognizione nel cuore dell'isola. Questi s'imbattono in una fanciulla, che attinge acqua a una fonte e che scoprono essere la figlia di Antifate, re dei Lestrigoni. La giovane li guida alla sua dimora, dove vengono assaliti da un'orda di giganti che uccide uno degli uomini per cucinarlo; gli altri due fuggono a gambe levate e i selvaggi, anziché inseguirli, afferrano grosse pietre dai fianchi dei monti e le scagliano sulle navi in secco, fracassandole prima che possano riprendere il mare. Dopodiché, scesi a riva, fanno strage tra gli equipaggi, divorando chiunque gli capiti tra le mani.

"Mentre cosí li uccideano fra i gorghi del porto profondi,
io, sguainata la spada tagliente che al fianco recavo,
le gómene recisi che il legno teneano alla terra:
quindi ai compagni ingiunsi che, senza indugiare, al remeggio
tutte volgesser le forze, se pure bramavano scampo.

Quelli, temendo la morte, coi remi sferzarono i flutti:
cosí felicemente potè la mia nave sul mare
schivar gli aspri macigni; ma l'altre perirono tutte."

Odisseo riesce a fuggire, recidendo con un colpo di spada la gomena che trattiene la sua nave, e incitando i compagni a vogare come fosse l'ultima cosa da fare in vita. Così con l'unica nave rimasta si dirige verso est.

Il viaggio non risparmia sorprese e perdite al nostro eroe. Prova dopo prova, egli avanza tra pericoli e difficoltà crescenti, ben sapendo che tutto rientra nel percorso, parte integrante della palestra che forgia la sua leadership.

Nella comparazione con il viaggio dell'imprenditore, a mio avviso, questo passaggio è paragonabile al momento in cui, sopraffatto dalle ostilità, può sopraggiungere il fallimento, a causa del quale il rischio di perdere la propria squadra è altissimo, anzi, spesso, inevitabile.

Ma perché dedicare una tappa del percorso a un argomento che la maggior parte degli imprenditori considera come definitiva, cioè come una condizione terminale della propria attività?

Molto semplicemente, perché la sconfitta è sinonimo di fine solo se questo significato glielo diamo noi, altrimenti è il passo necessario per un'incredibile apertura al miglioramento e all'avanzamento.

● Il valore e l'insegnamento della sconfitta

Eh sì, perché la sconfitta è una tappa fondamentale del viaggio, è il **punto di snodo**.

Il momento in cui si perde è una fase importante, perché comporta un cambiamento, una trasformazione degli eventi e di sé stessi. È una fase di crescita in cui si acquisisce l'**esperienza**.

Il fallimento ci esorta al miglioramento, a cambiare strada per poter raggiungere finalmente gli obiettivi prefissati e non solo: può mostrarci e indirizzarci verso nuovi e stimolanti obiettivi, che non avremmo mai pensato di poter raggiungere.

In poche parole: **bisogna imparare a perdere per poter vincere!**

Quanti esempi di grandissime figure, imprenditoriali e non, abbiamo nella storia? Ma senza andare troppo a ritroso nel tempo, pensiamo anche solo a un uomo che ha segnato il nostro contemporaneo, Steve Jobs, e che proprio grazie al fallimento è riuscito a raggiungere il successo e a cambiare prima di tutto a livello personale e di conseguenza professionale, divenendo il grande modello che ha ispirato e continua a ispirare intere generazioni.

Vorrei condividere, ora, un piccolo estratto di uno dei suoi famosi discorsi - se non il più significativo - quello tenuto il 12 giugno del 2005 per i neolaureati alla Stanford University, un discorso illuminato e illuminante ancora oggi:

"Fui molto fortunato: ho trovato cosa mi piacesse fare nella vita piuttosto in fretta. Io e Woz fondammo la Apple nel garage dei miei genitori, quando avevo appena vent'anni. Abbiamo lavorato duro e, in dieci anni, Apple è cresciuta da noi due soli, in un garage, fino a una compagnia da due miliardi di dollari con oltre quattromila dipendenti. Avevamo appena rilasciato la nostra migliore creazione - il Macintosh - un anno prima, e avevo appena compiuto trent'anni... quando venni licenziato. Come può una persona essere licenziata da una Società che ha fondato? Beh, quando Apple si sviluppò assumemmo una persona - che pensavamo fosse di grande talento - per dirigere la compagnia con me, e per il primo anno le cose andarono bene. In seguito però le nostre visioni sul futuro cominciarono a divergere, finché non ci scontrammo. Quando successe, il nostro Consiglio di Amministrazione si schierò con lui. Così a trent'anni ero a spasso. E in maniera plateale. Ciò che aveva focalizzato la mia intera vita adulta non c'era più, e tutto questo fu devastante.

Non avevo la benché minima idea di cosa avrei fatto, per qualche mese. Sentivo di aver tradito la precedente generazione di imprenditori, che avevo lasciato cadere il testimone che mi era stato passato. Mi incontrai con David Packard e Bob Noyce e provai a scusarmi per aver manda-

to all'aria tutto così malamente: era stato un vero fallimento pubblico, e arrivai addirittura a pensare di andarmene dalla Silicon Valley. Ma qualcosa cominciò a farsi strada dentro me: amavo ancora quello che avevo fatto, e ciò che era successo alla Apple non aveva cambiato questo di un nulla. Ero stato rifiutato, ma ero ancora innamorato. Così decisi di ricominciare.

Non potevo accorgermene allora, ma venne fuori che essere licenziato dalla Apple era la cosa migliore che mi sarebbe potuta capitare. La pesantezza del successo fu sostituita dalla soavità di essere di nuovo un iniziatore, mi rese libero di entrare in uno dei periodi più creativi della mia vita.

Nei cinque anni successivi fondai una Società chiamata NeXT, un'altra chiamata Pixar, e mi innamorai di una splendida ragazza che sarebbe diventata mia moglie. La Pixar produsse il primo film di animazione interamente creato al computer, Toy Story, ed è ora lo studio di animazione di maggior successo nel mondo. In una mirabile successione di accadimenti, Apple comprò NeXT, ritornai in Apple e la tecnologia che sviluppammo alla NeXT è nel cuore dell'attuale rinascimento di Apple. E io e Laurene abbiamo una splendida famiglia insieme.

Sono abbastanza sicuro che niente di tutto questo mi sarebbe accaduto se non fossi stato licenziato dalla Apple. Fu una medicina con un saporaccio, ma presumo che 'il paziente' ne avesse bisogno.

Ogni tanto la vita vi colpisce sulla testa con un mattone. Non perdete la fiducia, però.

Sono convinto che l'unica cosa che mi ha aiutato ad andare avanti sia stato l'amore per ciò che facevo".

Probabilmente conoscevi già questo messaggio lasciato al mondo da Jobs, ma rileggerlo ed esserne risucchiato completamente riesce sempre a riempirmi, come credo ti senta anche tu adesso. Queste parole ci aprono la mente a un approfondimento necessario di un nostro discorso. Infatti, riconoscere che la sconfitta sia una parte basilare del nostro cammino di crescita, produce necessariamente una lezione, quella per cui essere pronti a perdere diviene sinonimo di essere **disposti a perdere**, senza paura, andando avanti sempre e comunque, anche quando si è affranti e si resta completamente soli.

● La solitudine dell'imprenditore

Ed ecco il grande scoglio, la paura numero uno, quello che reputiamo inconsciamente, ma spesso anche a livello conscio, il più grande dei pericoli a cui andare incontro nel momento in cui accettiamo di percorrere la strada dell'imprenditoria: la solitudine. Solitudine intesa come quel senso costante di abbandono, quel sentirti perso, alla mercé della sconfitta.

Ma ti posso assicurare che questa è solo la visione che di essa nasce dal timore; in realtà, rimanere da soli non è il male peggiore, anzi, è fondamentale, perché aiuta a ritrovare l'equilibrio. Perché contare su noi stessi, sulla nostra forza interiore, sulla nostra "divinità" è l'unico modo per maturare ed evolvere.

E la solitudine è parte integrante di questo percorso, ne parleremo anche più avanti, quando proprio quella resterà l'unica compagna di viaggio del nostro Ulisse. Come scriveva Arthur Schopenhauer: "Sulle vette non si può che essere soli": non è una "bella frase", ma una verità!

Il compito di chi fa impresa è portare avanti la propria visione, guidando la missione tanto insieme al Team, quanto da solo, ma la comprensione profonda da acquisire è che tutta l'impresa parte e ritorna nel cuore stesso dell'imprenditore. È lui che sta di vedetta sulla cima della montagna/azienda, e una parte di sé resta su quella vetta a scrutare l'orizzonte, a lasciarsi sempre più innamorare dello scopo che ben vede da lassù e, da quella posizione privilegiata, osservare il cammino da compiere ben visibile e monitorato al dettaglio.

Fallire e rimanere soli non è il capolinea del nostro viaggio, ma una fermata obbligata, in cui fare i conti con noi stessi e riposare. Fermarci apparentemente sconfitti ci esorta all'introspezione, a scavare dentro di noi e a fare i conti con la nostra volontà.

Ed è in questa fase che comprendiamo che conoscere noi stessi e i nostri desideri non è poi una condizione così scontata: il più delle volte siamo abbagliati da un'immagine illusoria dell'io.

Abbiamo, quindi, un disperato bisogno di imparare a leggerci dentro, cercando e scovando i nostri limiti, che, nella maggior parte dei casi, sono i veri responsabili del fallimento.

I limiti sono il frutto delle tante scorciatoie prese nel corso della vita, degli adattamenti subiti per non rischiare. Pur di non essere sottoposti a pressioni, a situazioni stressanti e complicate, molto spesso, per superare un ostacolo, scegliamo la via più breve, la più semplice, ma non per questo quella giusta. Arginiamo quindi il problema e ci adattiamo a conviverci. In questo modo costruiamo le mura della nostra mente, stabiliamo i nostri limiti.

La soluzione?

Analizzarci. Andare in perlustrazione dentro di noi per trovare i confini anche più nascosti e, una volta trovati, abbatterli, ridisegnarli e ricostruirli.

● Il ruolo del mentore nella caduta

Ora, in questa fase meditativa e di evoluzione così complessa e delicata è importante farti affiancare! Quando, infatti, la solitudine diviene un macigno che affossa e, da soli, non riusciamo a riprendere la strada, allora l'unico in grado di guidare nella trasformazione, nel viaggio verso la resurrezione e la consapevolezza è il mentore. Il Business Coach non si lascia coinvolgere nelle pratiche quotidiane, non lo riguardano più di tanto, piuttosto è in grado di presentare soluzioni e strategie relative alle specifiche esigenze aziendali, ma solo nella misura in cui saremo in grado di coinvolgerlo nella nostra visione dall'alto. Egli creerà in azienda quell'armonia e quella strutturazione dei ruoli di cui la nostra organizzazione aveva un disperato bisogno e che, di contro, per anni non è riuscita a darsi.

Attento! Non sto parlando della comune consulenza direzionale, ma di un intervento ampio, deciso e risolutivo. Chirurgico, oserei dire. Il Business Coach, infatti, ha dalla sua una grande capacità di comunicazione e competenza aziendale, che è capace di "travasare" nelle figure di riferimento dell'azienda, riuscendo così a farle crescere e renderle consapevoli dell'importanza dei rispettivi ruoli. Il mentore porta una visione dall'esterno senza lasciarsi sommergere dai problemi interni, può fornire nuove tecniche, aiutare nell'elaborazione degli obiettivi individuali e collettivi e indicare la via per perseguirli; motiva, premia e corregge, senza timore di passare dalla pacca sulla spalla a qualche calcio nel sedere metaforico, se necessari.

In caso di fallimento, infatti, il suo compito è proprio quello di assistere, infondere nuova fiducia per una sana ripartenza, ma anche di correggere, scuotere e ritrovare coscienze imprenditoriali in errore, assonnate o disperse.

Ma ancora prima di tutto questo, un Business Coach ha il compito di aiutarti ad accettare il fallimento, facendoti comprendere che solo passando per quella accettazione sarai in grado di trasformarlo in un motivo di crescita; deve insegnarti come utilizzare l'esperienza acquisita per evitare in futuro di commettere gli stessi errori.

Come? In che modo?

Analizzando gli errori commessi per trarne benefici tangibili e persistenti.

Senza, però, dimenticare che, nonostante la sua presenza vivificante e rasserenante, il viaggio d'introspezione, per ovvie e già citate ragioni, tocca comunque compierlo da soli!

Anch'io, nel mio viaggio verso la realizzazione, ho vissuto il fallimento personale. E proprio quello, poi, si è dimostrato essenziale per la mia rinascita.

E non è finita: anche da Business Coach continuo a vivere le mie sconfitte, che si rivelano sempre più determinanti per la mia crescita e, sorprendentemente, per quella di coloro che cerco di aiutare.

Non c'è bisogno di ricordare che persino il metodo scientifico si basi sugli errori.

Lo scienziato arriva alla verità per esclusione, dopo aver fallito molte volte e, il tempo apparentemente perso, assume un ruolo fondamentale e determinante. Hai mai pensato per quante lampadine bruciate è dovuto passare Edison prima di esclamare: "Finalmente la mia lampadina è perfetta!"?

• Il caso

Proprio in merito alla sconfitta, un caso che mi viene in mente e che voglio condividere di seguito, ha rappresentato per me un'esperienza molto strana, dalla quale, nonostante l'evidente fallimento, sento di essere uscito vincente. Non è facile raccontare il fallimento, perché dentro di noi alberga sempre un piccolo giudice meschino, pronto a giudicare e condannare la nostra naturale imperfezione. Ma è proprio il costante fronteggiarsi con quella imperfezione, accettandola e accogliendola come parte di sé, che mi fa sentire oggi in dovere di complimentarmi da solo per la crescita che per primo non ho mai smesso di cercare. In quell'occasione, proprio questa attitudine personale, maturata lungo il percorso, mi ha permesso di resistere così a lungo in un ambiente estremamente ostile, dove ho anche subito la perdita di due miei collaboratori, da subito fermatisi davanti al muro di ostilità che si era creato.

L'azienda che tentai di aiutare, arrivava da un cambio di stabilimento e da una scissione societaria, puoi quindi immaginare che il clima non era proprio dei migliori.

Il cambio di sede, per molti lavoratori, era diventato un grosso problema per la distanza.

Anche il direttore dello stabilimento non vedeva di buon grado il trasferimento in quanto, tutto quello che lui aveva creato, era stato abbandonato per qualcosa a cui non credeva.

L'azienda aveva deciso di puntare tutto sulla filosofia Lean, ma la gestione della supply chain non era ancora efficiente, quindi, molto spesso, venivano a mancare materiali e il flusso si interrompeva, creando parecchie inefficienze e frustrazioni.

Molto spesso i fornitori non si dimostravano all'altezza, ma, nonostante ciò, non c'era la volontà di cambiare, quanto meno di prendere in considerazione delle valide alternative, perché la storicità veniva considerata un elemento troppo importante.

Anche il sistema informatico era obsoleto e non permetteva di avere un controllo puntuale sullo stato dei materiali e sul loro flusso.

E così, dopo mesi e mesi di tentativi vani per trovare un accordo sulle attività e le modalità innovative da intraprendere, alla fine anch'io ho dovuto cedere davanti alla solida e dichiarata volontà di non accogliere il cambiamento.

Resta comunque la consapevolezza di aver tracciato una strada, che poi è stata percorsa da chi è venuto dopo di me: quella posso affermare che sia stata la mia vittoria, mia e dell'azienda che ho tentato di aiutare, ovviamente.

Mentre io e i miei collaboratori stavamo andando via, e subito dopo, sono arrivate forze nuove che, trovando la strada spianata, senza nessuna pietà hanno fatto piazza pulita e rinnovato l'azienda; un'organizzazione che, grazie al nostro intervento, aveva già acquisito e metabolizzato la consapevolezza del cambiamento da attuare.

Paradossalmente, quelle forze così avverse si erano comunque affezionate a me e il rapporto è sempre stato mantenuto nel massimo del rispetto reciproco.

Di certo, un grande merito che riconosco è quello di aver reso consapevole il consiglio di amministrazione della situazione e anche della rigidità di alcuni personaggi storici in azienda, che non volevano neppure considerare l'idea di trasformazione.

Il rammarico più grande, invece, è stato l'assenza di un qualsiasi intervento da parte della proprietà, nonostante l'evidenza dei fatti condivisi. Troppo spesso ci siamo trovati da soli ad affrontare situazioni su cui ben poco potevamo fare, se non aiutati dall'alto, cioè dai vertici dell'azienda stessa. D'altronde, anche il medico più bravo deve alzare le mani di fronte alla non volontà del paziente di collaborare per il miglioramento della sua salute.

La soddisfazione, comunque, è data dal fatto che oggi l'azienda ha cambiato con successo il suo sistema informatico, ha completato il suo percorso di trasformazione ed è in crescita.

Posso quindi affermare con orgoglio che, a volte, anche abbandonare è necessario per dare il tempo alle cose di accadere e per lasciare che le persone maturino il proprio percorso nei tempi per loro adeguati.

In queste situazioni il lasciar andare è la cosa migliore, quello che conta, infatti, non è il successo del singolo ma quello di tutti, quello dell'azienda.

Anche questa è una diretta responsabilità del saggio mentore!

CAPITOLO 7

"Sesta tappa: la terra di Circe – Riposare sugli allori"

"Riposare sui propri allori è altrettanto pericoloso che riposare su una slavina. Ti appisoli, e muori nel sonno"
- Ludwig Wittgestein -

Eccoci finalmente giunti a metà percorso, tanta strada è stata fatta, tanti ostacoli sono stati superati e si scorgono le prime luci ma, attenzione! Mai abbassare la guardia!

"Ecco, ed all'isola Eèa giungemmo, ove Circe abitava.
Circe dai riccioli belli, la Diva possente canora,
ch'era sorella d'Eèta, signore di mente feroce.

Erano entrambi nati dal Sole che illumina il mondo:
fu madre loro Perse, di Perse fu Ocèano padre."

A questo punto del viaggio mitologico, Ulisse, scampato ai Lestrigoni, giunge con la sola nave rimasta sull'isola di Eea, una terra apparentemente disabitata, coperta da una fitta vegetazione.

L'eroe, come approda sull'isola, invia in perlustrazione una parte del suo equipaggio, sotto la guida di Euriloco, suo fedele compagno, e qui ha inizio una nuova avventura che, come altre, si rivelerà determinante per il compimento del viaggio.

I ventitré uomini, giunti in una vallata, vengono attratti da un palazzo apparentemente incantato, fatto di "pietre squadrate" e porte rivestite di bronzo. Il palazzo, inoltre, è circondato da animali feroci, leoni e lupi, forse appositamente lì per spaventare eventuali visitatori curiosi.

"Entro una valle, il palagio trovarono bello di Circe,
tutto di lucidi marmi, nel mezzo a un'aprica pianura.
Tutto d'intorno, lupi movevano e alpestri leoni,
ch'essa tenea domati, perché li molceva coi filtri;
né s'avventarono punto sugli uomini; e invece, levati
sui pie', le lunghe code festosi agitavano tutti."

Dal palazzo dalle "porti lucenti" risuona una voce melodiosa che riesce ad ammaliare tutta la squadra, eccetto Euriloco.

Quella "porta lucente" indica, a suo avviso, la riservatezza di un luogo sacro, inoltre le belve sembrano mansuete, addomesticate, una condizione assolutamente fuori dal comune.

Le belve, infatti, non sono altro che esseri umani, vittime di un incantesimo a opera della maga Circe, abitante del palazzo, colei che sta intonando quel canto seducente.

La maga si presenta al cospetto dei compagni di Ulisse e, ancora più ammaliante, li invita a entrare.

Euriloco nel vederla, sempre più sospettoso, declina l'invito e corre spaventato alla nave. Gli altri uomini, invece, guidati dallo smargiasso Polite, accettano entusiasti di entrare.

Circe li fa accomodare su "troni e seggi" e offre loro "formaggio, farina d'orzo, pallido miele, vino di pramno", facendogli credere che il meglio debba ancora venire... Il cibo e il vino contengono, però, pozioni magiche, che vengono attivate dal tocco della bacchetta della maga, che li trasforma tutti in maiali e li rinchiude nel porcile.

"E quella, subito uscì e aprì le porte splendenti
e li invitò: essi, stolti, tutti insieme la seguirono.
Euriloco invece rimase indietro: sospettò l'inganno.

Ella li condusse dentro, li fece sedere su sedie e seggi,
e per essi formaggio e farina e giallognolo miele
mescolò con vino di Pramno; e nell'impasto aggiunse
veleni funesti perché del tutto scordassero la patria terra.

Ma quando a loro lo diede ed essi bevvero, allora subito
li percosse con la sua verga e li rinchiuse nel porcile.
Ed essi di porci avevano e testa e voce e peli

e tutto il corpo, ma la mente era intatta, come prima.
Così quelli piangenti furono rinchiusi; e a loro Circe
buttò ghiande di leccio e di quercia e corniolo,
quali sempre mangiano i porci che dormono per terra."

○ L'erba del vicino "Appare" solo più verde

Come collocare questa vicenda nel tuo viaggio imprenditoriale?

Da questa prima parte del racconto puoi trarre un importante insegnamento, bisogna sempre stare in guardia da tutte quelle situazioni o comportamenti che, a prima vista, possano apparire ammirevoli e meritevoli. Come dice il famoso detto: "Non è sempre oro tutto ciò che luccica".

È vero, fino a questo punto ti ho esortato a non avere paura, a rischiare. Ma c'è una grande differenza tra il rischiare per migliorare qualcosa che amiamo, qualcosa in cui crediamo e il rischiare solo perché qualcosa ci appare invitante.

Soprattutto, quando veniamo da un periodo difficile, che ci ha messo a dura prova, come Ulisse nella terra dei Lestrigoni, possiamo essere facili prede, incantate dal primo luccichio che ci manifesti benessere. Siamo stanchi e desiderosi di trovare un po' di ristoro, ansiosi di vedere qualche buon risultato.

La realtà molto spesso è evidente, ma siamo noi che, ansiosi di raggiungere il successo, ci lasciamo accecare dal rilucere dell'oro, dobbiamo invece mantenere alta la soglia della nostra attenzione e cogliere ogni piccolo segnale, esattamente come ha fatto Euriloco.

L'errore commesso dai compagni di Ulisse, abituati a vivere situazioni fuori dalla norma e pericolose, è stato quello di cogliere il nocciolo tralasciando i particolari. L'eccessiva sicurezza di sé, soprattutto nel campo imprenditoriale, può portare a trascurare i dettagli, catapultando l'azienda in situazioni spiacevoli.

La sicurezza in sé stessi, come ho affermato nei precedenti capitoli, è fondamentale per un imprenditore ma, come ogni cosa, se portata all'eccesso può condurre a compiere passi falsi.

Dobbiamo quindi essere analitici e non superficiali, dobbiamo compiere un'indagine approfondita prima di accettare l'"invito" e, soprattutto, dobbiamo accogliere, o perlomeno prendere in considerazione, i consigli di chi ha notato dettagli importanti che a noi sono sfuggiti.

Analitici e aperti verso l'esterno, quindi, senza chiudersi nella propria sicurezza e nel proprio giudizio.

E se superato l'abbaglio ci trovassimo realmente a vivere un momento di benessere e successo?

Buon per noi - buon per te! -, ma non bisogna adagiarsi sugli allori. Sostare per troppo tempo potrebbe distoglierci dall'obiettivo principale, l'evoluzione.

Al riguardo, vorrei condurti nuovamente nel racconto mitologico, dal quale potrai trarre altre due lezioni molto importanti.

Quando Euriloco torna alla nave e racconta a Ulisse quanto accaduto, l'eroe corre subito a salvare i suoi uomini. Mentre il sovrano di Itaca si dirige da Circe, lungo la strada incontra il dio Ermes, messaggero degli dèi, che gli svela il segreto per rimanere immune agli incantesimi della maga: mischiando nelle vivande offerte da Circe un'erba magica, il moly, non potrà subire alcuna trasformazione.

Ulisse, raggiunta Circe, grazie ai consigli del suo mentore d'occasione, riesce a liberare i suoi uomini, rendendo la maga inoffensiva ed estremamente ospitale, così ospitale che Ulisse e i suoi uomini, compresi quelli che erano rimasti sulla nave, decidono di trattenersi sull'isola, rimanendo alla fine per più di un anno e ritardando, in questo modo, il loro ritorno a Itaca.

Bene, quali lezioni ci insegna questo passo? Ecco la prima:

A metà del percorso di trasformazione di un'azienda arrivano i primi benefici, i primi risultati, ma non bisogna assolutamente fermarsi. Chi si adagia, chi si ferma al primo giovamento, impedisce a sé stesso e all'azienda di evolvere.

L'eroe/imprenditore non si deve accontentare, non deve farsi influenzare da coloro che pensano di essere arrivati, ma deve andare avanti, grazie alla spinta motivazionale che lo contraddistingue, grazie alla sua chiamata più alta.

I successi non devono arrestare il suo cammino, ma devono spronarlo a proseguire, regalandogli ottimi spunti e informazioni per affrontare e gestire le nuove sfide in cui si dovrà imbattere.

Quando Ulisse, spronato dai suoi compagni, decide di tornare a casa, chiede infatti a Circe, che sino a quel momento aveva rappresentato la causa del suo stallo, quale sia la strada migliore per il ritorno.

La maga gli consiglia di visitare prima gli inferi per consultare l'indovino Tiresia, spiegandogli come comportarsi una volta giunto nell'Ade; inoltre, gli suggerisce come agire con le sirene, come difendersi da Scilla e Cariddi, come comportarsi nell'isola di Trinacria, dove pascolano le mandrie eterne del Sole, che lei conosce molto bene, essendo figlia stessa del Sole.

Questo ci proietta direttamente nel cuore della seconda lezione: trarre insegnamenti anche da ciò che ci arresta e ci distoglie dal nostro percorso di crescita.

La capacità di Ulisse di farsi dare dei consigli da Circe, dimostra la capacità dell'eroe, e quindi dell'imprenditore, di trasmutare in opportunità ciò che rappresenta un blocco, un limite.

In questo va sottolineata l'abilità di abbandonare ciò che ci lega, leggendo in esso quello che di buono ci serve per proseguire il nostro cammino.

Bisogna cercare di trarre il meglio da qualsiasi situazione: ogni cosa, ogni persona, anche se apparentemente nemica, può risultare determinante per il raggiungimento del nostro obiettivo.

Circe, figura inizialmente nemica, toglie a Ulisse gli atteggiamenti violenti, maschilisti e vendicativi e l'eroe, a sua volta, fa redimere Circe, facendola uscire dall'isolamento e riconciliandola con la nuova realtà ch'egli stesso rappresenta.

È un dare/avere, uno scambio per entrambi evolutivo.

È quello che mi accade quando collaboro con le aziende: anche le più ostili mi regalano qualcosa, mi fanno crescere, è uno scambio reciproco, ricevo quanto riesco a dare.

Inoltre, voglio farti notare un'altra comparazione tra questo canto e il viaggio dell'eroe/ imprenditore.

Circe può rappresentare il rifiuto di una civiltà più "moderna", vive infatti in una sorta di riserva naturale, lontana dal mondo cosiddetto "civilizzato", in cui per un lungo periodo la squadra di Ulisse si adatta, adagiandosi a questa condizione.

Ulisse, al contrario, affamato di conoscenza e di avventura, raffigura a pieno titolo il progresso, la modernità.

Il loro incontro può assurgere a immagine rappresentativa dello scontro tra due civiltà, quella passata e quella moderna, dove la prima, dopo essere stata a lungo sulla difensiva, cede alla seconda.

Ulisse rappresenta, pertanto, l'imprenditore che tenta di rinnovare e digitalizzare la sua azienda, intrappolata in sistemi ormai obsoleti, incontrando l'ostilità di coloro che vogliono sostare in quella dimensione "passata", convinti che sia la più giusta. E l'imprenditore, come Ulisse, può riuscire a vincere questa resistenza solo grazie alle indicazioni di un Business Coach, il mentore, che nella vicenda di Ulisse è rappresentato proprio dal dio Hermes.

● Il caso

È una vicenda ricca di spunti interessanti quella di Circe, e posso assicurarti che, nel mio viaggio, anch'io ho incontrato la persuasiva maga, anch'io ho sostato, rischiando di fermarmi per sempre, sull'isola di Eea.

In quel caso, la titolare dell'azienda che chiese il mio intervento, era un personaggio con un grande carisma, che ricopriva anche ruoli importanti all'interno delle istituzioni.

All'inizio, dedicai a questa attività un paio di giorni a settimana ma poi, vuoi per le pressioni da parte della titolare, la mia Circe, vuoi per la situazione che era veramente grave, piano piano, nel giro di un paio di mesi, mi sono ritrovato a occuparmene a tempo pieno, anzi, di più, spesso lavoravo anche la sera e nei giorni festivi.

L'azienda in questione era, ed è tuttora, leader nel proprio settore e stava crescendo in modo esponenziale. In quel periodo aveva deciso di fare dei grossi investimenti in impianti, circa una decina di milioni di euro, per abbattere il magazzino dei semilavorati e produrli con logica just in time. Da anni, infatti, aveva abbracciato l'organizzazione Lean.

Nel fare questo tipo di innovazione, si era però persa la visione d'insieme del flusso e le modalità, con cui il materiale usciva dai nuovi impianti e arrivava alle lavorazioni successive, avevano provocato una situazione caotica, con ritardi e rifacimenti continui dei pezzi.

In buona sostanza molte decine di ordini, a volte centinaia, subivano settimanalmente dei ritardi di consegna, con notevole disagio per i clienti e con un dispendioso sovra utilizzo di risorse.

Tutto ciò portava, ovviamente, a un conseguente aggravio dei costi.

Si trattava di una situazione veramente esplosiva e, in queste situazioni, spesso viene fuori il meglio di me: le sfide mi sono sempre piaciute e infatti, nel giro di 4-5 mesi, ne venimmo a capo con successo.

Com'è mia abitudine, mi sono messo subito al lavoro, lasciando perdere analisi, relazioni e misurazioni, andando subito sul posto, in mezzo alle persone, condividendo con loro i disagi e prestando attenzione ai loro suggerimenti.

Questo coinvolgimento delle persone e lo stare con loro è stato, anche in questo caso, la chiave di volta e, in poco tempo, siamo intervenuti sul flusso, andando a lavorare sulle inefficienze che stava provocando a valle il nuovo impianto.

Il clima in azienda era cambiato totalmente, se prima la sfiducia era abbastanza diffusa, adesso tutti volevano partecipare all'attività e portare il loro contributo per risolvere la situazione.

I ritardi vennero tutti recuperati e anche il clima con i clienti e gli agenti diventò sereno e collaborativo.

Nel frattempo, anche il clima con la titolare era diventato idilliaco e l'intenzione da parte di entrambi di continuare il rapporto di lavoro a tempo pieno, stava diventando una certezza.

Ma, fortunatamente, non fu così, fortunatamente sono riuscito ad aprire gli occhi.

Stavo per abbandonare il progetto di voler costruire qualcosa di mio, di sfidare i miei limiti e trovare la mia Itaca, per restare in una situazione conosciuta di benessere, all'interno, però, di un perimetro ben definito, troppo definito per i miei gusti, per la mia chiamata "alta".

La scelta di abbandonare questa certezza di benessere fu molto dolorosa, sia dal punto di vista professionale che umano, ma, da entrambe le parti, capimmo che era la scelta giusta, e il nostro rapporto è sempre rimasto cordiale e di rispetto reciproco.

A oggi ho ancora qualche rimpianto ma, per quello che è successo in seguito, ho la certezza che la strada che ho intrapreso all'epoca sia stata quella giusta, l'unica da percorrere per la mia crescita e i miei traguardi.

Anche tu nel tuo cammino incontrerai la tua Circe, è parte integrante del viaggio, dovrai solo capire quanta strada potrai condividere con lei e quando, invece, arriverà il momento di salutarla.

Anche in questo caso il mentore potrà esserti di grande aiuto: ricorda che lui la conosce molto bene Circe; ricorda che lui... l'ha già incontrata!

CAPITOLO 8

"Settima tappa: Averno, il Regno dei morti – *Risorgere con l'aiuto del mentore*"

"Se chiedete a qualsiasi imprenditore di successo, avrà sempre avuto un grande mentore a un certo punto del suo percorso"
- Richard Branson -

Nella settima tappa, Ulisse, dopo aver attraversato l'Oceano, giunge alle porte dell'Ade, dove, seguendo le indicazioni di Circe per attirare le ombre dei morti, riesce a incontrare l'indovino Tiresia.

> *"O di Laerte figlio divino, scaltrissimo Ulisse,*
> *or come mai, sventurato, lasciata la luce del sole,*
> *giunto sei qui, per vedere la trista contrada dei morti?"*

Successivamente vede anche la madre Anticlea e alcuni eroi che avevano combattuto con lui nella guerra di Troia: Agamennone, Aiace, Patroclo, Antiloco e Achille.

L'incontro con Tiresia, fra tutti, è il più importante e determinante per il proseguimento del viaggio. L'indovino, infatti, gli predice il suo destino, informandolo che il ritorno in patria non sarà semplice, in quanto l'ira di Poseidone, al quale ha accecato il figlio Polifemo, lo ostacolerà per tutto il viaggio. Gli parla inoltre dell'incontro con i "buoi del sole", informandolo che il destino dei suoi uomini dipende dal comportamento che lui e il suo equipaggio avranno nei confronti di questi animali sacri. Se dovessero dar loro fastidio, l'unico a salvarsi sarebbe Ulisse, perdendo tutti i suoi uomini. Se, al contrario, non faranno loro nulla di male, il ritorno, pur se difficoltoso, sarà possibile per tutti. Un destino, quindi, non perentorio, ma che lascia la piena libertà al libero arbitrio umano.

> *"Celebre Ulisse, il ritorno più dolce del miele tu cerchi.*
> *Ma te lo renderà difficile un Dio: ché oblïoso*

l'Enosigèo non credo, che accolse rancore nell'alma
contro di te, furente, perché gli accecasti suo figlio.
Eppure, anche cosí tornerete, sebben fra le ambasce,

se le tue brame e le brame frenare saprai dei compagni,
allor che primamente dal mare color di viola
all'isola Trinacria coi solidi legni tu approdi.
Qui troverete bovi che pascono, e pecore grasse,

greggi del Sole, che tutto dall'alto contempla, e tutto ode.
Se tu le lasci illese, se pensi soltanto al ritorno,
sia pur fra mille crucci, tornare potrete alla patria.
Ma se le offendi, invece, predico rovina al tuo legno,
ai tuoi compagni."

Tiresia, però, non ha ancora finito. Gli accenna anche dei Proci che, stabilitisi nella sua casa a Itaca, chiedono insistentemente la mano di sua moglie Penelope. Gli annuncia, altresì, che, una volta tornato, avrà la sua vendetta, sterminandoli tutti.

Infine, gli predice la sua fine, una predizione imperativa, in cui gli rivela che, dopo il ritorno a Itaca, non pago, partirà per un ultimo viaggio in mare, durante il quale troverà la morte.

"E infine, dal mare una morte
placida a te verrà, che soavemente t'uccida,
fiaccato già da mite vecchiezza. E felici dattorno
popoli a te saranno. Vero è tutto ciò ch'io ti dico."

La morte in mare è quindi certa, probabilmente a causa dell'offesa recata a Poseidone.

Una profezia generale, quella di Tiresia, che ci trasmette l'importanza del percorso rispetto alla sua conclusione, l'importanza delle scelte prese e dei comportamenti avuti.

La fine è certa per tutti, ma il modo in cui ci arriviamo a essa e tutto ciò che sta nel mezzo dipende dalle nostre decisioni.

In questo XI Libro, Tiresia incarna indubbiamente l'immagine del **mentore**.

Ma chi è in sostanza questa figura, di cui, in più capitoli, abbiamo fatto accenno?

Il ruolo del mentore nella ripresa aziendale

Il **mentore** è il nostro consigliere, la nostra guida, il nostro "GPS lungo le strade della vita" e, in particolare per un imprenditore, è una figura indispensabile che, come nel mio caso, possiamo in questo periodo storico identificare con il nome di **Business Coach**.

Il viaggio dell'imprenditore, come la vita, è pieno di bivi, ostacoli, posti di blocco e deviazioni, in cui trovare la strada e mantenere l'orientamento non è sempre facile. La presenza di un Business Coach spesso si rivela cruciale per imboccare la via giusta, per trovare in sé la forza di reagire e non perdersi, anche quando si sbaglia strada.

Il Business Coach sprona l'eroe/imprenditore a proseguire, allertandolo sulle nuove difficoltà che potrà incontrare, dandogli una visione del passato e proiettandola nel futuro, cioè di quanto è stato fatto e di quanto è necessario ancora fare.

Come abbiamo già anticipato nel capitolo o, il Business Coach possiede un importante bagaglio di esperienza e conoscenza, è dotato di empatia, ha spiccate doti comunicative e grandi valori morali. Ma sa stare al suo posto, senza farsi decentrare, né cede alla tentazione di lasciarsi coinvolgere in modo improprio nelle vicende aziendali.

Il Business Coach, infatti, è chiamato a inserirsi spesso in un contesto aziendale in cui ha una forte valenza per gli imprenditori un maturato istinto di basarsi sulle conoscenze professionali ottenute negli anni. Ma il mercato non smette mai di evolvere e, se non aggiornati a dovere, alle volte i professionisti aziendali sviluppano serie lacune: il Business Coach si introduce in questo contesto per aiutare l'azienda a modificare il suo punto di vista e inserirsi in un corretto percorso di crescita e formazione. Lo scopo finale? Ovviamente sarà quello di ottimizzare i processi, le conoscenze, nonché i risultati commerciali e lavorativi.

Il Business Coach, che ha la funzione importantissima di rappresentare un nuovo e diverso punto di vista esterno, riesce così a proporre valide idee, difficilmente pensabili da chi muove le fila dall'interno. Questo perché il mentore sa che il posto che occupa è quello della "sentinella", il più adeguato ad avere una visione dall'alto, un quadro d'insieme delle figure coinvolte e delle situazioni vissute.

Egli aiuta l'imprenditore a esprimere sé stesso, a sviluppare le qualità che possiede e ad acquisirne di nuove. È lo sguardo oggettivo, lo spirito critico che porta l'imprenditore a uscire dalla comfort zone e a mettersi in discussione tra le onde dell'imprevedibile viaggio intrapreso.

È l'unico in grado di contrastare la resistenza al cambiamento e tutti quegli atteggiamenti che lo portano ad attribuire ad altro la causa della propria infelicità e insoddisfazione.

L'imprenditore dovrà quindi affidarsi al suo mentore, facendo tesoro delle sue informazioni e dei suoi consigli, e così riportare ordine lungo le tappe del suo cammino.

Al cuore del coaching aziendale

Ma, all'atto pratico, quali sono le funzioni principali che un bravo Business Coach deve esercitare nel rapporto con il cliente? Andando a schematizzare e semplificare, direi:

- Allenare il potenziale del dipendente, sviluppando le sue risorse personali;
- Dare fiducia al lavoratore, aiutandolo a comprendere quali siano i suoi punti di forza;
- Spronare e lasciar emergere la creatività insita nella persona;
- Elaborare punti di vista esterni, che muovano da un'analisi dell'azienda nel suo complesso;
- Proporre nuovi ideali, approcci e comportamenti aziendali, per ottenere trasformazione e modernizzazione.

Questa è la base. Ma se volessimo fare un ulteriore passo nella profondità dell'azione del coaching aziendale, allora reputo sia il caso di prestare attenzione in particolare a una serie di quattro aspetti imprescindibili.

1. POTENZIARE LA FIDUCIA
   Abbiamo detto che il Business Coach aiuta l'imprenditore a comprendere i propri punti di forza e ad aumentare la fiducia nelle proprie capacità: acquisire un buon mindset, infatti, è il primo passo per ottenere risultati e il Business Coach deve fare in modo che l'imprenditore curi in maniera accorta questo fondamentale aspetto.
   Ciò perché oggigiorno il carico di lavoro, di novità e di cambiamento del mercato è estremamente elevato e lo stress causato anche dalla costante competizione può spingere i più ad abbassare i livelli di fiducia personali e, quindi, dei risultati.

2. DARE LA GIUSTA PROSPETTIVA
   Un'azienda, soprattutto se attiva da tempo e con un'importante esperienza alle spalle, tende nella maggior parte dei casi ad adagiarsi sul percorso tracciato dalle abitudini e dai risultati ottenuti fino a quel momento. Potrà sembrarti ovvio e scontato, in quanto rappresenta la sicurezza. Ma così come cambia il mercato, anche la visione aziendale deve stare al passo ed evolversi. Ecco, il Business Coach si inserisce in questa necessità con quel suo punto di vista esterno, che stimola la produzione di schemi di ragionamento e approcci differenti, di analisi di ciascun elemento aziendale, grazie ai quali po-

ter individuare sedi e tipologie di problematiche e fattori su cui intervenire. In questo senso, una delle principali qualità da garantire nei confronti del cliente è l'onestà: mai indorare la pillola, pena l'inefficacia del suo operato.

3. LAVORARE SULLA CORRETTA COMUNICAZIONE
La comunicazione rappresenta indubbiamente la forma d'interazione numero uno in un sistema complesso, come quello aziendale. Sia tra pari, che tra dirigenti e collaboratori, saper comunicare in modo efficace diviene la base per la corretta condizione produttiva, al fine di risolvere problemi, ottimizzare il lavoro e migliorare la salute mentale dei dipendenti. Infatti, è dimostrato che trovarsi in un ambiente di lavoro sano ed equilibrato diminuisce l'insorgenza di conflitti e complicazioni.
Anche qui, il ruolo del Business Coach richiede la capacità di riuscire a proporre valide strategie di comunicazione, ottimali sia per il lavoro in ufficio, che per quelle situazioni professionali ibride, in cui sia presente in una certa percentuale la realtà dello smart working, che porti dunque gruppi che lavorano a distanza a dover comunicare in più modalità, dalle email alle videochiamate.

4. AUMENTARE LA PRODUTTIVITÀ
La produttività è lo scopo ultimo di ogni azienda. Il Business Coach è, dunque, chiamato ad accompagnare l'imprenditore in un'analisi della situazio-

ne iniziale dell'organizzazione, per poi inquadrare una direzione che possa ottimizzare le risorse presenti e garantire un miglior risultato finale.

In quest'ottica l'intervento del mentore mira a insegnare una migliore gestione del tempo e delle risorse, finalizzata all'ottenimento di profitti più alti. Anche in questo caso, forte del suo punto di vista esterno e della sua indiscussa esperienza, il Business Coach promuove la creazione di un piano strategico aziendale e finanziario, che parta dalla consapevolezza degli specifici punti di forza della compagnia.

Il caso

Probabilmente di mentori, di Tiresia, per richiamare il nostro racconto mitologico, nel mio percorso ne ho trovati più di uno, anche se non sempre si sono identificati in una persona fisica. A volte, come nel caso che mi appresto a riportare di seguito, il ruolo del mentore è stato incarnato da una "situazione interna".

Nel caso in questione, infatti, il mentore che mi ha supportato è stato qualcosa che è scattato all'interno di me, facendomi capire che la strada che stavo percorrendo, la mia strada, andava corretta in molti sensi, sia nel rapporto con il cliente, che nella mia professionalità.

Spoiler: l'avventura che ti narrerò non si è conclusa nel migliore dei modi, ma mi è sicuramente servita per capire che, molto spesso, nella mia attività dare troppo non va assolutamente bene, anzi è addirittura controproducente, perché il valore di ciò che si fa viene svilito e dato per scontato.

Ho incontrato questa giovane realtà a pochi anni dalla sua nascita e sono rimasto molto sorpreso dall'apparente voglia di crescere e di innovare dei suoi giovani fondatori. Quando l'ho conosciuta, fatturava poco più di un milione di euro, in un mercato già saturo, ma con un modello di business e di servizio innovativo con una dinamicità che stava mettendo in difficoltà competitor più grossi.

La cosa che mi è apparsa subito evidente è stata sicuramente la necessità di supportare la complessità che l'azienda si stava apprestando ad affrontare: sarebbe infatti diventato un grosso problema, se non fosse stata sostenuta da un adeguato sistema informatico.

Inoltre, gli spazi e la logistica di fabbrica andavano rivisti, per evitare di creare dei possibili colli di bottiglia.

Ho accettato, quindi, l'incarico di Innovation Manager con molto entusiasmo, prendendo particolarmente a cuore il progetto. A dimostrazione di ciò, uno dei primi pensieri è stato quello di trovare il modo di sostenere il mio intervento dal punto di vista economico, ricorrendo a dei bandi pubblici dedicati. Una prima sfida che ho ampiamente superato, riuscendo a finanziare completamente il mio lavoro.

Contemporaneamente mi sono messo alla ricerca di una serie di software che potessero digitalizzare e integrare tutti i processi aziendali, dalla progettazione alla consegna del materiale, portando efficienza nei processi produttivi e interfacciando i vari impianti di produzione con un sistema gestionale, che seguisse la logica 4.0.

Inoltre, mi sono anche occupato di ridisegnare i flussi in fabbrica e gli spazi di stoccaggio dei materiali, per renderli più efficienti.

Poi... il distacco.

Non so come si sia concluso il progetto: dalle notizie che mi sono arrivate, sembra che tutto sia partito come avevo predisposto, arrivando a triplicare il fatturato.

Ma il rapporto all'improvviso si è concluso per motivazioni, ancora oggi, per me incomprensibili, e non nego che la delusione sia stata grande, ma le riflessioni che ne sono seguite sono state veramente profonde: nel lavoro, come nella vita, dare troppo e mettere il cuore in quello si fa è qualcosa che va gestito con molta cautela, sapendo discernere a priori le persone con cui condividere un pezzo di sé.

Una vicenda, quindi, che mi ha regalato un'importante lezione, lasciandomi anche la certezza di aver dato, comunque, un ingente contributo e di aver agito con il massimo dell'impegno.

Ma continuiamo adesso il nostro viaggio con la consapevolezza di aprire bene gli occhi, per cercare di cogliere il mentore che possa celarsi dentro persone e situazioni, che albergano o incontrano la nostra vita.

Dal mio canto, continuerò a guidarti tra queste pagine e anche dopo l'ultima, se tu vorrai.

Come Tiresia ha fatto con Ulisse, infatti, il mio intento è quello di renderti consapevole del percorso che ti aspetta, illuminandoti il cammino il più possibile.

CAPITOLO 9

"Ottava tappa: Golfo di Salerno – Gli ipnotizzati"

*"Quando dovete decidere qualcosa,
se vi fate condizionare dalle opinioni degli altri
non riuscirete in nessuna impresa"*
- Napoleon Hill -

*"Tutte trascorse già son queste vicende: ora ascolta
ciò ch'io ti dico; e un Dio farà che tu ben le ricordi.
Alle Sirene presso tu giungere devi anzitutto,*

che tutti quanti gli uomini incantan che giungono ad esse.
Chi s'avvicina a loro, mal cauto, ed ascolta la voce
delle Sirene, quello non mai la sua sposa ed i figli
più lo vedranno tornare, diletto mai più non ne avranno;
ma le Sirene, incanto gli fan con le limpide voci,

sedute sopra un prato. D'intorno c'è d'ossa un gran mucchio,
d'uomini putrescenti, di scheletri e pelli aggrinzite."

Nell'ottava tappa, come previsto da Circe, Ulisse giunge nel Golfo di Salerno, il golfo delle sirene, figure mitologiche che, con il loro canto, ammaliano i marinai, facendoli affogare durante il loro disperato tentativo di seguirle e afferrarle.

Il potere ammaliante delle sirene consiste nel parlare a ogni uomo in maniera diversa e mirata, in quanto conoscono i suoi desideri più segreti e lo tentano proprio su quelli.

A Ulisse, infatti, orgoglioso e curioso, promettono la celebrazione del suo passato eroico e il sapere di tutte le cose del mondo.

"Qui presto, vieni, o glorioso Odisseo, grande vanto degli Achei,
ferma la nave, la nostra voce a sentire.
Nessuno mai si allontana di qui con la sua nave nera,
se prima non sente, suono di miele, dal labbro nostro la voce;

poi pieno di gioia riparte, e conoscendo più cose.
Noi tutto sappiamo, quanto all'ampia terra di Troia
Argivi e Teucri, patirono per volere dei numi;
tutto sappiamo quello che avviene sulla terra nutrice."

L'eroe, ricordando i consigli della maga Circe, ordina ai suoi compagni di tapparsi le orecchie con della cera e di continuare a remare qualunque cosa accada.

Gli ordina anche di legarlo all'albero maestro e di non slegarlo per nessuna ragione.

Solo in questo modo potrà ascoltare, senza correre alcun pericolo, il canto ammaliante delle sirene, saziando così la sua grande voglia di conoscenza e di sapere.

"Oltre tu passa; e fa rammollir della cera soave,
e dei compagni riempi le orecchie, che alcuno non oda.
Udirle puoi tu solo, se brami; ma prima i compagni

nella veloce nave ti avvincano i piedi e le mani,
dritto, con funi, a ridosso ti leghin dell'albero, stretto,
sí che delle Sirene godere tu possa la voce.

Ma se tu preghi i compagni, se d'esser disciolto comandi,
legare tanto piú ti devon con doppie ritorte."

Ulisse, in questa vicenda, rappresenta l'uomo che è costretto a controllarsi e a mettere in dubbio il proprio modo di essere. Alla base di questa prova c'è quindi l'importanza di "conoscere sé stessi", una conoscenza essenziale per il proseguimento del viaggio e per poter vincere le sfide, grandi o piccole che siano.

A questo punto, scommetto che sarai curioso di sapere cosa c'entrano le sirene con l'azienda e con il tuo percorso. Presto detto: le sirene, nel viaggio dell'imprenditore, rappresentano coloro che **illudono**, gli ingannatori, i melliflui, coloro che dipingono le cose come non sono, in maniera estremamente ammaliante e convincente, per un proprio esclusivo tornaconto.

● Le sirene ingannatrici e le tentazioni dell'imprenditore

Esseri ibridi dai volti femminili e dalle zampe rapaci – solo in epoca medievale subentrerà la versione con la coda di pesce - le sirene hanno da sempre rappresentato il paradigma della potenzialità persuasiva del canto: cioè di un linguaggio conturbante, capace di farsi spazio nelle parti più profonde dell'anima. La loro voce, ora acuta e ipnotica, ora sublime e accattivante, è espressione dello sconvolgimento, della forza irrazionale, dionisiaca, che spinge gli uomini alla pazzia. Ma non sono sempre state così. Alcuni autori narrano che fossero bellissime fanciulle trasformate per invidia, non solo nell'aspetto, ma anche nell'animo, divenendo adescatrici di uomini, o più precisamente, predatrici delle loro speranze.

Ulisse, invece, incarna il desiderio di conoscenza, rappresenta l'uomo che brama di scoprire il senso della sua esistenza e come essa si evolverà fino alla morte. Le sirene spingono proprio in questa direzione e, con le loro parole tentatrici, illudono anche gli uomini più astuti. Mettiamoci nei panni di Odisseo, colui che, per parafrasare Dante, insegue proprio la virtù della conoscenza e che, giunto in prossimità dello scoglio delle sirene, legato all'albero maestro, sente la persuasione sconvolgerlo, pur nella consapevolezza che quello sia un canto illusorio, adescatore, per cui il farsi legare pare un'ottima modalità per diminuire il peso della debolezza della volontà.

Ci sono due forze in antitesi in questa incredibile scena. Due forze che possiamo ritrovare spesso nella situazione aziendale del leader: la sua voglia di gestire l'azienda mossa da una profonda conoscenza di sé stesso e dei suoi e le mille voci illusorie che gli orbitano intorno.

In azienda, il canto delle sirene è il parlare seducente di coloro che, per interessi personali ed egoistici, vogliono tenere imbrigliata l'azienda in una situazione per essa poco efficace, facendola apparire come la migliore possibile.

E qui le sirene sono ovunque, generalmente si nascondono dietro quelle figure presenti da sempre, le "brave persone" che detengono la "conoscenza" di tutto ciò che accade, per cui hanno minuziosamente costruito il loro successo; ma che pure detengono la "conoscenza" di tutti gli altri, del loro modo di lavorare, di pensare e, soprattutto, delle loro debolezze. In genere, per le sirene, qualsiasi tipo di innovazione, mette a rischio il prestigio e la posizione costruiti in anni e anni di lavoro di ipnosi.

Ma te ne do atto: sono figure difficili da scovare, anche dopo un'attenta analisi degli stakeholder, infatti, non è sempre scontata la capacità di capire dinamiche così potenti. Anzi, molto spesso, sono rappresentate da elementi apparentemente estranei all'azienda, che hanno una capacità molto forte di influenzare l'imprenditore, come i suoi stessi familiari.

In qualità di imprenditore non devi farti sopraffare dalle tentazioni, non devi dar spago a coloro che vogliono portarti su altre strade, diverse dalla tua e che, per convincerti, ti illudono, o peggio, ti ingannano.

Come Ulisse, non potendo fare a meno di ascoltare questi ipnotizzatori o ancora meglio sabotatori, devi legarti ben saldo all'interno di te stesso, rimanendo ancorato alla via che hai deciso di percorrere e, per farlo, è necessario tenerla bene a mente, ma, soprattutto, è indispensabile avere una grande conoscenza e padronanza di sé.

E come si ottiene? Al contrario delle voci confuse e confondenti delle tue sirene esterne, per ascoltarti nel profondo, hai bisogno di fare silenzio dentro di te e riuscire a bloccare le voci esterne, che cercheranno imperterrite di fare breccia nel cuore della tua leadership.

Il silenzio dell'imprenditore

Restare nel silenzio non significa solo "tacere" o "mettere a tacere", ma vuol dire anche "ascoltare", o meglio, "ascoltarsi". A furia di circondarsi di rumore, infatti, si rischia di coprire il suono della propria voce interiore e lasciarla confinata nel dimenticatoio, anche per molto tempo, col rischio di restare in balia dell'inganno.

Ma il silenzio non è per tutti, e tu, probabilmente, lo sai. Poche realtà come il silenzio riescono a spaventare chi ha molto da nascondere, chi è consapevole dei propri compromessi o del peso delle ferite che si porta dietro. E questo perché in primis si ha paura di vedersi e farsi vedere deboli, così si cerca di proteggersi, lasciandosi sballottare dall'assordante vociare esterno.

Allora, ecco che il piano di gioco cambia e le forze in contrapposizione pure: le parole raggirano, mentre il silenzio porta la verità. I millantatori, i venditori di fumo aziendale possono ingannare tutti con le loro parole ammaestrate, ma il leader li sgomina con il suo silenzio rivelatore.

La cosa peggiore, però, è quando quest'inganno diventa sistematico: nel tentativo di ipnotizzare gli altri con le proprie versioni faziose, il collaboratore corre il rischio di ingannare anche sé stesso, di restare a sua volta imprigionato dentro la gabbia fatua delle proprie mistificazioni. E così le parole diventano delle maschere di ferro, che ci impediscono di andare oltre la superficie, di entrare in noi in profondità e comprendere l'origine del nostro malessere.

Tuttavia, il silenzio può essere la chiave in grado di aprire la porta della nostra e dell'altrui interiorità per incontrarci e affrontare le reciproche ferite, le reciproche paure.

Scriveva Carl Gustav Jung:

*"È importante avere sempre un contenuto da portare in un rapporto, e spesso lo si trova nella solitudine. La solitudine è per me una fonte di guarigione che rende la mia vita degna di essere vissuta. **Il parlare è spesso un tormento per me e ho bisogno di molti giorni di silenzio per ricoverarmi dalla futilità delle parole.** Ma la solitudine non è necessariamente nemica dell'amicizia, perché nessuno è più sensibile alle relazioni che il solitario, e l'amicizia fiorisce soltanto quando ogni individuo è memore della propria individualità e non si identifica con gli altri".*

● Il silenzio del leader è la cura alle parole degli ingannatori

Dunque, le parole possono confondere, tradire, distrarre, mentre il silenzio rivela.

Un collaboratore, un manager o altra figura all'interno del nostro team, che usa senza posa le parole, manifesta la sua incapacità di vivere il silenzio: si concentra sulla superficie per nascondersi da sé stesso, perché è nel silenzio che le bugie trovano la loro eco.

Ma illudere il problema non lo risolverà: continuerebbe solo a nascondere il proprio malessere sotto il tappeto della falsità.

E un imprenditore preparato, attento, allenato ad ascoltarsi nel silenzio lo sa bene. Riesce più degli altri a inquadrare queste persone e proprio nell'ascolto attivo, quello in cui la sua volontà resta salda all'albero maestro della propria integrità, può aiutarli a tacere e curarsi con il silenzio rivelatore. Il silenzio del leader li smaschera, e nel metter via la maschera li riconosce e li aiuta a riconoscersi.

L'imprenditore che fa silenzio fuori, riesce ad ascoltarsi dentro: apre uno spazio in cui la propria interiorità può esprimersi, può fare la differenza anche per le figure aziendali che, invece, hanno un certo mal di vivere.

Il silenzio ci denuda davanti allo specchio della nostra mente, ci fa sentire vulnerabili, ma è proprio attraverso questa presa di coscienza che riusciremo a diventare più consapevoli di noi stessi e a trasmetterlo a chi ci circonda.

- *"Il silenzio è la voce di un altro alfabeto che ci parla dentro"* (Valentino Bombiani)

Fare silenzio per ascoltare la tua voce interiore ti aiuta a fare chiarezza e a trovare le "parole giuste" per spiegare a fondo cosa stai vivendo dentro: è il primo passo verso la guarigione personale e della propria organizzazione.

Fare silenzio dentro di te ti aiuta a comunicare fuori ciò che sei, senza più nasconderti dietro a parole inutili, che non ti rispecchiano e danno un'immagine falsata del leader che sei e miri a essere.

Riuscire ad accogliere il silenzio per ascoltare la tua voce interiore dimostra che non temi di manifestare il tuo essere autentico: non hai bisogno dei fronzoli della confusione per stare nel mondo e capisci il valore della comunicazione, del costruire un ponte tra dentro e fuori, tra te e gli altri, tra il parlare e l'ascoltare, tra l'ascoltare e l'ascoltarti.

Come puoi riuscire a farlo senza esserne prevaricato?
Ascoltando la verità del mentore: può essere meno ammaliante, ma è quella reale!

- **Il ruolo del mentore nella scoperta di sé**

Anche in questo momento è determinante la figura del Business Coach, che ti aiuti sia nella scoperta e conoscenza di te stesso, sia dandoti indicazioni per rimanere centrato, di modo da tenerti legato ben stretto all'obiettivo.

Il Business Coach è l'unico in grado di consentire all'obiettivo di ammaliare nuovamente il tuo spirito d'imprenditore, riportando la tua attenzione, il tuo sguardo determinante alla vera meta del tuo viaggio.

"Ti chiedo di uscir all'aperto, davanti alle tue porte, e guardare fuori. Troppo a lungo sei stato seduto nell'ombra e hai prestato fede a racconti contorti e a suggerimenti disonesti".
(Gandalf - da "Il Signore degli anelli – Le due torri")

Continuando il parallelismo con l'epico, possiamo notare una correlazione interessante tra il viaggio dell'eroe/imprenditore, il viaggio di Ulisse e un terzo "viaggio dell'eroe", quello racchiuso nella storia de Il Signore degli Anelli.

In questo caso specifico, nell'episodio delle Due Torri, possiamo infatti notare una stimolante analogia tra le figure dell'eroe/imprenditore e del mentore/Business Coach, impersonate da Théoden, re di Roahn, da una parte e Gandalf, dall'altra.

Gandalf libera Théoden dall'ipnosi del suo consigliere Grima Vermilinguo, segretamente in combutta con Saruman, il signore del male, facendogli ritrovare tutte le sue energie per condurre il popolo alla riscossa.

Grima Vermilinguo è l'ingannatore, la Sirena, che tiene rinchiuso nella sfiducia e nella disperazione il povero re, ormai incapace di reagire, finché su di lui Gandalf pronuncia queste parole rivelatrici: "Era astuto: attenuava la diffidenza degli uomini, o faceva leva sulle loro paure, a seconda delle circostanze".

Il caso

Ma torniamo alla realtà, che poi non è detto sia meno fantastica del "fantastico", ed entriamo con questo bagaglio nella vita di un'azienda, attraverso il racconto di un'altra avventura in cui sono stato coinvolto.

Nel caso che mi accingo a narrarti, fui chiamato dal direttore generale di un'azienda storica del settore del mobile che, in quel momento, era in grossa difficoltà. L'anno precedente al mio ingaggio, infatti, aveva chiuso con una perdita vicina al milione di euro. L'obiettivo assegnatomi fu quello di contribuire a ridare efficienza ai processi aziendali, per recuperare produttività e margine in una situazione abbastanza stagnante.

In questo caso specifico andai abbastanza sul sicuro in quanto, sia il tipo di azienda che il settore, li conoscevo come le mie tasche.

La prima cosa che verificai fu la gestione dei materiali, dei magazzini e della logistica.

Cambiai le regole di approvvigionamento ed eliminai molto materiale obsoleto, recuperando parecchio spazio all'attività produttiva. Mi ricordo che passammo buona parte del mese di agosto a liberare magazzini e a cambiare le modalità di picking.

Recuperammo anche vecchi impianti e li inserimmo con successo in uno schema a flusso, eliminando sprechi di tempo e di risorse.

Come risultato riuscimmo ad aumentare la produttività di oltre il 30% sulle linee di montaggio, sostenendo un notevole aumento di fatturato.

Quell'esercizio si chiuse con un utile vicino al mezzo milione di euro, e per me fu un successo eccezionale!

Una cosa però mi è rimasta in sospeso: un sistema di picking abbastanza obsoleto, costituito da un magazzino compattabile, sul quale c'era il veto di un socio ottuagenario - la sirena -, che ricordo ci disse: "Per togliere questo impianto, dovete prima passare sul mio cadavere".

Una sirena che in parte sono riuscito a neutralizzare, risvegliando dall'ipnosi l'imprenditore e molti dei suoi collaboratori.

Non so se la sirena sia ancora presente in azienda, prima o poi andrò a verificare.

Dopo quell'anno la collaborazione si concluse, non tutti erano soddisfatti dei cambiamenti e quindi l'azienda, dopo essersi rimessa in pista, riprese quel ritmo abituale, ormai familiare a molti dei suoi componenti.

In ogni caso i risultati sono stati veramente soddisfacenti, tanto che, qualche anno dopo, quando invitai il presidente dell'azienda al compleanno della mia impresa, la sua risposta fu per me un riconoscimento incredibile, che tuttora conservo e rileggo periodicamente:

"Grazie per l'invito, purtroppo non potrò esserci, colgo comunque l'occasione per ringraziarvi ancora tanto per i risultati che abbiamo ottenuto con la vs. collaborazione, proprio in un momento particolarmente difficile per la ns. azienda.

Vi auguro un futuro pieno di successi e soddisfazioni.
Con stima (...)".

Per un Business Coach riuscire a far riaprire gli occhi all'imprenditore, restituendogli il controllo della situazione, è una gratificazione inestimabile, un appagamento che viaggia nella dimensione del "fantastico", appunto.

"Davvero i miei occhi erano quasi accecati.
Ti devo molto, ospite mio" - Théoden.

"E ora, signore, guarda la tua terra! Respira
di nuovo l'aria libera" - Gandalf.
(da "Il Signore degli Anelli – Le Due Torri")

CAPITOLO 10

"Nona tappa: Scilla e Cariddi – La discesa piu profonda: le proprie paure"

"Quando vi trovate a dubitare di quanto potete andare lontano, ricordate quanto siete arrivati lontano. Tutto ciò che avete affrontato, tutte le battaglie che avete vinto e tutte le paure che avete superato vi hanno preparato per questo momento"
- Scott Fitzgerald -

I minacciosi mostri marini che incontriamo in questa tappa del viaggio mitologico, rappresentano l'iniziazione dell'eroe.

Nella leggenda, Scilla e Cariddi, erano due giovani ninfe, tramutate, per mano di Circe, la prima, e per mano di Zeus, la seconda, in terribili esseri.

Come altre creature dei tempi antichi, rappresentando una minaccia letale, incarnano i pericoli della vita, e sono quindi banco di prova degli eroi.

Capirai, perciò, che ci troviamo al punto cruciale del nostro percorso, sicuramente il più importante. Nel viaggio dell'eroe è la **prova centrale**, il momento della battaglia con l'ombra, dove si svolge il vero rito di passaggio.

Andiamo a vedere cosa accade in questa fase al nostro Ulisse: fase che si rivela essere il momento peggiore di tutto il viaggio.

Infatti, si trova ad affrontare una rotta impossibile, "*la difficoltà fatale*", che lo obbliga a passare con la sua nave proprio tra i due terribili mostri marini. Questa rotta, geograficamente, è identificabile oggi con lo stretto di Messina.

Ma passiamo alle presentazioni!

Sul versante calabro si trova Scilla:

> "*I piedi son dodici, tutti invisibili: e sei colli ha, lunghissimi: e su ciascuno una testa da fare spavento; in bocca su tre file i denti, fitti e serrati, pieni di nera morte.*"

Sulla costa siciliana, invece, abbiamo Cariddi, un mostro dalla gigantesca bocca, con la quale, tre volte al giorno, risucchia e sputa l'acqua del mare, formando dei grossi vortici che inghiottono nelle profondità marine le navi e gli equipaggi, che passano di là, per poi farne tornare a galla soltanto i resti.

"Dall'altro era l'orribile Cariddi, che del mare inghiottia l'onde spumose.
Sempre che rigettavale, siccome caldaja in molto rilucente foco, mormorava bollendo; e i larghi sprazzi, che andavan sino al cielo, in vetta d'ambo gli scogli ricadevano."

Alle strette, Ulisse reputa che perdere tutta la nave per opera di Cariddi sarebbe di gran lunga peggiore che perdere solo una parte dell'equipaggio, per questo motivo sceglie di guidare la nave in modo da passare più vicino a Scilla, dunque alla costa calabra.

Ulisse, però, nonostante la sua sia una saggia decisione, fa un errore fatale. Dimenticando i consigli della maga Circe, tenta invano di combattere Scilla con le armi. La maga, infatti, gli aveva suggerito di non usarle, ma di invocare con una preghiera Crateide, la divinità marina madre del mostro.
Invece Ulisse, orgoglioso, trovando disonorevole la sostituzione delle armi con una preghiera, volta le spalle volutamente al suggerimento ricevuto.

"Noi volgemmo ad essa lo sguardo, temendo la fine, ed ecco Scilla mi prese dalla nave ben cava i sei compagni migliori per le braccia e la forza."

I compagni di Ulisse vengono trascinati via dalle bocche del mostro, un epilogo terribile che lascia Ulisse totalmente impotente, ma cosciente che quegli uomini sono morti a causa di una sua decisione, la stessa che, malgrado tutto, lo porta a superare la prova.

Una prova terribile e difficile, dunque, che rappresenta "la prova delle prove" che ogni eroe - e qui chiamo in causa anche te - si trova ad affrontare durante il viaggio che conduce all'agognata meta.

L'incontro "mostruoso" con le proprie paure e la catarsi

Durante questa prova l'eroe si trova faccia a faccia con le sue più grandi paure, i suoi limiti: come l'eccessivo orgoglio di Ulisse, che gli impedisce di seguire i consigli di Circe. L'eroe si trova ad affrontare il possibile fallimento dell'impresa o la fine di un rapporto, ma in questo punto cruciale muore la vecchia personalità e l'eroe cambia. Al termine della prova, infatti, niente sarà più come prima.

Un esempio catartico simile ce lo racconta di nuovo "Il Signore degli Anelli", l'altro "fantastico" viaggio che ha preso a farci compagnia, quando nella battaglia del Picco, Gandalf sconfigge Balrog, prima cadendo con lui nell'abisso, poi risvegliandosi e risorgendo.

Nella prova centrale, infatti, l'eroe rischia davvero di morire, o addirittura muore per poi poter rinascere come un uomo nuovo.

Nell'analogo viaggio dell'imprenditore cosa accade in questa tappa di mezzo, che abbiamo definito la più importante, dopo tutte le avversità già passate?

L'imprenditore si confronta con i suoi mostri, le sue paure, con la difficoltà di capire dove lo condurrà il viaggio. Questa tappa rappresenta quindi la discesa nel profondo di sé stesso, per tirare fuori tutte le qualità in grado di aiutarlo a vincere le proprie "Cassandre interiori".

È infatti in questa sorta di "prova iniziatica", in questo attimo buio e difficile, in questo abisso profondo, che l'imprenditore riesce a trovare ciò che stava cercando. Riaffiorano le motivazioni, i forti valori che lo hanno spinto fino a questo punto, in nome dei quali, se necessario, può anche prendere gravi decisioni, esattamente come quella presa da Ulisse di passare vicino a Scilla.

Per l'eroe acheo, le motivazioni e i valori, motore della sua alta missione, sono l'amore per la sua patria e la sua famiglia, comparabili per l'eroe-imprenditore alla sua azienda e a coloro che la compongono. Per l'imprenditore, infatti, i fattori stimolanti possono anche essere "il sentire" la propria missione di vita e l'onorare un impegno con sé e con la propria famiglia.

Ed è proprio questa potente energia, l'amore, a far riemergere l'imprenditore, consentendogli di riprendere la strada, più forte e consapevole di prima, lasciandosi alle spalle tutte le paure finalmente affrontate e superate.

◉ Vincere le paure: riprendersi la libertà di scegliere con consapevolezza e assertività

Ma quali sono le paure che si trova realmente ad affrontare un imprenditore di successo?

Prima di tutto ci sono le paure più profonde, quelle legate al proprio intimo, alla propria esperienza di vita, che possono essere determinanti nell'affrontare le paure legate, invece, alla vita aziendale.

Riguardo a queste ultime, abbiamo già abbondantemente parlato della paura del fallimento, una paura paralizzante, che porta insicurezza verso sé stessi e le decisioni da prendere.

Per un imprenditore di successo, come miri a essere tu, è assolutamente una paura da vincere!

Se non ti muovi, resti fermo, se non ti lanci, non arriverai mai da nessuna parte. Anche se fallirai davvero, potrai sempre ripartire più forte di prima, con la conoscenza e la consapevolezza degli errori commessi. Le cadute fortificano, non distruggono. Ricorda sempre che i più grandi successi sono nati da un fallimento.

Altra paura, strettamente legata alla precedente, è la paura di sbagliare.

Un imprenditore si trova continuamente a prendere decisioni importanti e, soprattutto, difficili.

La paura di commettere degli errori può portare a una situazione di blocco, altamente deleteria per l'evoluzione dell'azienda. Per affrontare questa paura, è fondamentale acquisire tutte le informazioni possibili riguardo alla materia di scelta, in modo da poter valutare le alternative in maniera consapevole. Oltretutto, ti invito a pensare che lo scenario peggiore, il più catastrofico, causato da una tua scelta, può essere solo il fallimento, che abbiamo già visto essere un possibile passaggio verso il successo.

Tra i terrori che possono essere di ostacolo al percorso di crescita di un imprenditore, poi, troviamo la paura del giudizio degli altri. Come abbiamo appena visto, è già complicato prendere decisioni, se ci facciamo anche influenzare dal pensiero degli altri, da complicato diventa impossibile! Troverai sempre persone ostili, che non sono d'accordo con le tue idee, che hanno una visione lavorativa totalmente diversa dalla tua, soprattutto se ti muovi al di fuori degli schemi. Al riguardo ti esorto a rimanere sempre fedele alle tue scelte, senza lasciarti influenzare. Questo però non vuol dire che non devi ascoltare chi ti è accanto, incorreresti in un altro grosso errore. Ascoltare chi ti è vicino, anche se contrario al tuo modo di pensare, può essere molto costruttivo. Come si dice "il mondo è bello perché vario"? Bene, cerca, allora, di trarre forza da questa diversità, ma di non trasformarla in un ostacolo.

Nei precedenti capitoli abbiamo avuto modo di constatare come, durante una trasformazione, si possano inevitabilmente perdere alcune persone. Parliamo degli irriducibili, quegli ostili che in nessun modo riescono ad adattarsi al cambiamento. Ed è in questa fase che possiamo incontrare un altro motivo di timore: la paura di ferire i sentimenti delle persone. Una paura assolutamente da debellare, perché potrebbe essere di grande ostacolo al cambiamento. Quello che devi dire, le decisioni che devi prendere, non sono sempre positive - lo sappiamo bene! - ma devi ugualmente, mantenendo un modo educato e rispettoso, ribadire e seguire la tua verità. Ti assicuro che questo modus operandi aumenterà il livello di rispetto e credibilità verso la tua figura e ti permetterà di avere intorno solo persone competenti e preparate a svolgere egregiamente la loro mansione. Ricorda che a volte, per il bene dell'azienda, un imprenditore può essere costretto a prendere delle decisioni estreme, proprio come ha fatto Ulisse, che per portare in salvo la sua nave è stato costretto a perdere per sempre alcuni dei suoi compagni. Dopotutto, anche il più buono e sensibile dei comandanti sa che prima o poi potrebbe trovarsi a dover sacrificare alcuni dei suoi uomini per poter compiere la sua missione.

Una nuova paura decisamente da affrontare è la paura di essere vulnerabile. Un imprenditore, per definizione, è colui che organizza e gestisce, è un innovatore che offre beni e servizi e che si assume tutti i rischi d'impresa, per queste e tante altre ragioni deve mostrarsi forte, soprattutto sapendo che gli altri contano su di lui. Non è facile, quindi, dover mostrare la propria vulnerabilità ma, per il proprio benessere e il proprio successo, è essenziale potersi sfogare e confrontare, parlando a qualcuno delle proprie debolezze e difficoltà. E chi meglio del mentore potrebbe assumersi quest'incarico? Paura superata! Grazie al Business Coach potrai aprirti senza timore, riuscendo così a gestire lo stress.

Infine, eccola lì, la famigerata paura delle critiche! Partendo dal presupposto che nessuno è perfetto, dobbiamo essere aperti alle critiche in favore della nostra crescita personale.

Per superare questa paura è essenziale che tu non veda le critiche come degli attacchi alla tua persona, ma come consigli costruttivi. Attento! Non sto dicendo che te le debba far scivolare addosso come nulla fosse, ma neppure il contrario, anzi! Le critiche devono toccarci, perché ci portano alla "crisi" – entrambe le espressioni, infatti, derivano etimologicamente dal verbo greco Κρίνω (crino), che richiama un giudizio interiore – , cioè a un momento di profonda difficoltà e turbamento, che ci spinge a fare i conti con noi stessi, a valutarci, analizzarci, a resettarci per poi riprendere più consapevoli e forti di prima. Ecco a cosa devono servire le critiche che ti vengono mosse e la fase di riflessione che ne consegue! Ma ricorda che sei tu a conferire loro il corretto potere di autoanalisi, come anche a decidere che debbano bloccarti e gettarti nello sconforto: il ruolo decisionale è sempre e solo il tuo!

Fai quindi tesoro delle critiche che riceverai durante il tuo percorso, perché esse ti renderanno un imprenditore migliore! Di fatto, affrontare e combattere le proprie paure, da quelle più comuni a quelle più personali e intime, è un passo determinante per la tua crescita; non a caso questa lotta catartica è la protagonista della tappa iniziatica più importante del viaggio.

Il ruolo del mentore nella prova centrale

In questa fase delicata, il mentore ha il compito di seguire silenziosamente l'eroe.

Egli, infatti, instrada l'eroe verso "la prova centrale", ma non può lottare al posto suo.

È un momento intimo d'introspezione, in cui il protagonista deve affrontare "l'ombra" da solo.

Se non lo facesse, se qualcuno lottasse al suo posto, non sarebbe più un passaggio iniziatico di trasformazione. Per uscirne al meglio è essenziale che l'eroe, e quindi l'imprenditore, faccia tesoro, durante questa dura lotta, degli insegnamenti e dei consigli avuti fino a quel momento dal suo mentore, dal suo Business Coach.

Se è arrivato a questo punto del viaggio, vuol dire che ha rielaborato e metabolizzato tutte le istruzioni necessarie per affrontare la prova e uscire dall'oscurità a testa alta.

Il caso

Di discese più o meno profonde ne ho fatte anch'io, e forse più d'una, d'altronde la vita credo sia fatta di alti e bassi, di momenti più o meno positivi, l'importante è che alla fine il bilancio sia sempre in positivo e che la curva della crescita personale sia sempre a rialzo.

Non ho mai avuto grandi paure nell'affrontare il mio lavoro, ogni nuova sfida per me è sempre stata uno stimolo per confrontarmi con i miei limiti e superarli; anche nel caso che sto per raccontarti è stato così!

La chiamata giunse veramente inaspettata, anche perché arrivava da un'azienda con la quale, circa un anno prima, non si era riusciti a trovare un accordo. Da un lato, accolsi l'evento con grande gioia: quando un cliente ti cerca dopo un anno, significa che hai seminato bene; dall'altro, confesso che fossi decisamente preoccupato, perché, nel corso di quei dodici mesi, la situazione aziendale non era per nulla migliorata.

L'impresa stava crescendo a dismisura e il fatto di non essere intervenuti tempestivamente aveva decisamente aggravato la situazione.

Accettai l'incarico, che riguardava l'aggiornamento dei sistemi informatici aziendali, anche se di fatto non sapevo esattamente cosa dovermi aspettare. Il mio sesto senso mi diceva che la parte informatica non fosse l'unico aspetto che quell'azienda aveva bisogno di affrontare.

Sono sempre stato convinto che, prima di digitalizzare i processi, sia necessario standardizzarli e renderli efficienti. Digitalizzare l'inefficienza significherebbe per me far viaggiare i problemi alla velocità della luce, esasperandoli. Il modo migliore di peggiorare la situazione, quindi.

Prima di mettere mano alla parte informatica, ho sempre posto, infatti, una grande attenzione all'analisi di tutti i processi aziendali, e devo dire che questo ha sempre ampiamente pagato in termini di risultati, facendo accettare in modo molto più proficuo l'innovazione digitale.

Anche questa volta i miei timori si rivelarono fondati e, dopo qualche settimana, cominciarono a emergere varie difficoltà, che andavano oltre il sistema informatico. La conseguenza fu che, un sabato pomeriggio, mentre ero intento a fare un aperitivo, ricevetti una telefonata dall'amministratore delegato, con la richiesta di sospendere temporaneamente l'attuale incarico e occuparmi di tutt'altro.

A essere sinceri, dopo quello che avevo visto, me lo aspettavo, ma di certo non così velocemente e non in quel modo.

La richiesta fu di occuparmi della supply chain e di sistemare il flusso in ingresso dei materiali. Effettivamente l'azienda aveva i magazzini pieni di materiali non utilizzati e venivano, invece, a mancare i materiali critici, provocando un flusso di produzione a singhiozzo, con notevole impatto sulle consegne ai clienti, in termini di ritardo e immagine.

L'azienda, dopo il passaggio a una produzione a flusso, stava incrementando notevolmente i volumi, ma tutto il processo di pianificazione e gestione era rimasto molto vincolato alle vecchie logiche.

Ovviamente, tutto questo aveva un grosso impatto sull'aspetto economico, con una marginalità che, nonostante la crescita, non c'era, e quindi i dati economici erano difficili da far accettare alla proprietà.

Non era la prima volta che mi ritrovavo in una situazione simile, ma questa era veramente un treno in corsa di grosse dimensioni, e il rischio di non riuscire a contenere una tale emorragia di denaro non mi fece dormire per parecchie notti.

Non bastava il mio intervento, avevo bisogno che tutto il gruppo dei primi livelli operativi mi assecondasse nell'operazione, intervenendo su più fronti. Cercai subito degli alleati e, da questo punto di vista, la fortuna e la mia capacità di coinvolgimento mi vennero in aiuto, riuscendo a creare una bella squadra e a motivarla sugli obiettivi.

In circa quattro mesi riuscimmo a portare a termine un primo grosso risultato e, dal punto di vista economico, i dati furono veramente incredibili. Ancora oggi conservo con orgoglio i grafici che evidenziano la validità di quell'intervento.

Fatto sta, che a fine anno l'andamento economico dell'azienda aveva cambiato aspetto, facendo acquisire e aumentare una grande sicurezza per proseguire nel lavoro e continuare nell'opera di sistemazione. Inoltre, la squadra creata mantenne la sua coesione e riuscì a portare all'eccellenza quanto avviato.

Insomma, un gran bel successo di cui vado ancora fiero e, soprattutto per me, un'ulteriore testimonianza della mia allenata capacità di confrontarmi con le mie paure e andare oltre i miei limiti.

CAPITOLO 11

"Decima tappa: l'Isola del Sole – Liberarsi dalle zavorre"

> *"Liberatevi della zavorra, uomini! Lasciate che l'imbarcazione della vostra vita sia leggera..."*
> - Jerome K. Jerome -

E progrediamo! Il nostro viaggio non si ferma, anzi incalza sempre di più e ci conduce ora a una delle sue ultime fasi, prima del tanto sospirato arrivo. È questa una tappa rivelatrice, che ha lo scopo di farti aprire gli occhi sulle persone che camminano al tuo fianco.

Cosa accade nel mito? Ulisse e i compagni superstiti raggiungono l'isola del Sole, la Sicilia.

"... quando avvicinerai la solida nave
all'isola Trinachìa, scampato dal mare viola,
e pascolanti là troverete le vacche e le floride greggi
del Sole, che tutto vede e tutto ascolta dall'alto.
Se intatte le lascerai, se penserai al ritorno,
in Itaca, pur soffrendo dolori, potrete arrivare:
ma se le rapisci allora t'annuncio la fine
per la nave e i compagni. Quanto a te, se ti salvi,
tardi e male tornerai, perduti tutti i compagni,
su nave altrui."

A causa della profezia di Tirèsia, l'eroe teme di fermarsi, ma, desideroso di un po' di riposo, acconsente alla sosta, facendo però giurare a tutti i suoi compagni di non toccare per nessuna ragione le vacche sacre al dio Sole.

"Nella veloce nave, compagni, son cibi e bevande;
ma non tocchiam le giovenche, ché poi non c'incolga ma-
lanno:
ché sono sacre, queste giovenche, e le pecore pingui
a un Dio possente, al Sole che tutto vede e tutto ode."

Per la mancanza di venti favorevoli, Ulisse e il suo equipaggio restano bloccati sull'isola per un mese. Un giorno, approfittando del fatto che Ulisse stia dormendo, Euriloco invita i compagni affamati a uccidere e mangiare gli animali sacri. Purtroppo, il loro re si sveglierà troppo tardi per impedirlo.

"E si cibaron per altri sei giorni i diletti compagni
con le giovenche pingui del Sole, che avevan predate."

Con cosa si viene a confrontare, invece, l'imprenditore in questa stazione del viaggio?

Dopo aver acquisito la certezza che la strada sia quella giusta e che, senza dubbio, esista la ricompensa, ci sono, però, purtroppo, collaboratori che continuano a non credere in noi e nel nostro progetto e che, di conseguenza, agiscono senza seguire le nostre indicazioni, esattamente come accaduto a Ulisse, scatenando inevitabilmente eventi avversi.

Noi facciamo di tutto per cercare di portarli dalla nostra parte, di fargli vedere ciò che noi vediamo, di fargli comprendere la situazione in cui ci troviamo e quale possa essere il modo migliore per superarla, sicuri ovviamente di essere ascoltati, ma invece ... scopriamo che la realtà è ben diversa!

E, a volte, sono proprio le persone a noi più vicine a deluderci. Come Euriloco, fedelissimo compagno di Ulisse, nonché secondo al comando durante il ritorno a Itaca, che incita l'equipaggio a trasgredire un ordine del capo, del re, del suo amico di tante avventure: una disobbedienza che in questo caso gli costerà la vita, e – ahinoi - non solo a lui.

Quando finalmente Ulisse e i suoi uomini riprendono il mare, Zeus, a causa del loro gesto avventato, scatena una terribile tempesta che distrugge la nave, facendo affogare l'intero l'equipaggio. Esattamente come nella profezia, Ulisse solo si salva, unendo l'albero maestro a un pezzo della chiglia. Su questa sorta di zattera improvvisata viene spinto nuovamente verso il vortice di Cariddi, che inghiotte l'imbarcazione, mentre l'eroe riesce a salvarsi, aggrappandosi a un fico cresciuto sopra uno scoglio.

A quel punto riprende il mare, abbracciato ad alcuni pezzi di legno e andando alla deriva per nove giorni, finché finalmente raggiunge una costa.

● Il peso delle zavorre: identità e pericoli

Purtroppo è una dinamica che ritroviamo nel viaggio di ogni eroe, nel viaggio di tutti noi, in generale, nel viaggio della stessa vita.

Ci sono persone, cose e meccanismi della nostra esistenza che non ci consentono di progredire, parlo delle famigerate "zavorre"! E nell'indicarle, mi riferisco a tutti i limiti, le situazioni, i pregiudizi o le persone che, invece di farci evolvere, ci tengono in gabbia a combattere con situazioni stantie anche passate, scatenando su di noi avversità terribili, che avremmo tranquillamente potuto evitare. Esattamente com'è accaduto a Ulisse, e come potrebbe capitare a te.

A questo punto del viaggio, anche l'eroe-imprenditore deve liberarsi di tutti quei collaboratori che non lo ascoltano, il cui agire non fa altro che scatenare nuove ostilità, impedendo così la crescita aziendale. So che quanto sto per dire possa scuotere gli animi più sensibili, ma per la mia esperienza posso dire che queste persone vadano abbandonate e lasciate al loro destino. Ricorda sempre che non è tuo compito farti carico del viaggio degli altri!

Nel viaggio imprenditoriale il leader si sente chiamato a rendere conto delle decisioni e variazioni da lui considerate a tutto il suo equipaggio, a tutto il suo team, ma deve essere chiaro che ogni membro della squadra resta responsabile di sé stesso e delle proprie azioni: se d'improvviso, infatti, il percorso del singolo diventa contrario a quello del leader e del gruppo, allora quel singolo deve essere lasciato libero di andare e il gruppo liberato del peso del suo malessere professionale. È necessario eliminare tutto ciò che è ingombrante e inutile per proseguire il cammino. L'eroe-imprenditore deve prendere coscienza della situazione, della realtà, e proseguire anche da solo, se necessario. Bisogna fare una sorta di decluttering emotivo: l'arte di eliminare tutto ciò che è inutile, pesante, molesto e invadente, un riordino della propria vita, partendo proprio da ciò che ci circonda.

● Scegliere sé stessi, credere nell'obiettivo e lasciare andare le figure che appesantiscono e/o frenano il nostro viaggio

So già quello che stai pensando.

Quanto è difficile separarsi da chi ti ha accompagnato per anni!

Ma soprattutto quanto è faticoso accettare che chi ti sta vicino potrebbe non essere più, a un certo punto, la persona in cui riporre fiducia, con cui condividere il cammino.

Tutto ciò non vale solo per il lavoro. Anzi, quanto spesso nella vita capita di non sentirsi a proprio agio con qualcuno, ma continuare ugualmente ad andare avanti e far finta di niente.

A volte capita che, persone credute amiche o sulle quali si è sempre fatto affidamento, alla fine si rivelino degli oppressori, persone motivate solo a far valere i propri interessi e il personale punto di vista.

Il primo istinto ci spinge a non credere, o meglio ancora, a non accettare che ciò sia possibile, portandoci a pensare che situazioni simili siano gestibili, ma... a quale prezzo?

Un prezzo troppo alto, credimi! Per l'economia aziendale si traduce velocemente in: mancato rinnovo di processi obsoleti, permanenza in situazioni difficili e ingestibili, rallentamento del processo produttivo, problemi con i clienti e i fornitori, regressione economica, fallimento.

La soluzione?

In una situazione di questo tipo, come prima cosa devi individuare quali siano realmente le zavorre, che, proprio per questo naturale istinto di "non accettazione", non sempre si renderanno così evidenti ai tuoi occhi.

In seguito, una volta individuate, dovrai affrontarle, ma – attento! – non ti affidare a un atteggiamento negativo.

Probabilmente, queste persone in passato ti hanno aiutato, sostenuto, oppure hanno creduto nella tua impresa quando ancora non aveva un peso sul mercato, oppure ancora possono aver ricoperto un ruolo rilevante nella prima parte del viaggio che stai attraversando, insomma, meritano comunque il tuo rispetto. Considera, dunque, di affrontarle con un atteggiamento di gratitudine.

Così come – ti sorprenderò – ti consiglio di essere positivo anche nei confronti di chi, invece, ha giocato sporco, ti ha ferito: in tal caso, l'unico atteggiamento efficace per te sarà quello di esercitare il perdono.

Il perdono nella leadership

Quando parlo di "perdono" non commettere l'errore di associare il termine esclusivamente a un concetto o un dovere religioso. Nella nostra cultura a forte marcatura cattolica tendiamo sempre a commettere l'errore di compartimentare le nozioni in un solo scenario e mettere i paraocchi rispetto ai loro infiniti collegamenti umani. La dicotomia netta tra sacro e profano è estremamente limitante per una realtà, come quella umana, estremamente poliedrica e sfaccettata. In questo caso il perdono va inteso come atteggiamento arguto e terapeutico di una persona matura e consapevole.

Posso immaginare la perplessità che queste parole producano in te, di fatto, nella nostra società contemporanea, che ha visto fiorire un certo tipo di "management – alfa", il concetto di perdono è verosimilmente associato alla debolezza.

Proprio questo è l'errore più grande che si possa commettere. La verità è l'esatto contrario: l'azione del perdono è una delle dimostrazioni più alte di forza morale e psicologica dell'essere umano.

Partiamo dal considerare che il perdono parte da una decisione, è una scelta che consente di rielaborare la rabbia che coviamo nei confronti di chi ci ha deliberatamente fatto del male o, comunque, procurato un danno. Naturalmente, affermare che parta da una decisione non significa ridurlo a qualcosa di meramente cognitivo. Ora, rielaborare i sentimenti avversi, allo stesso modo, non significa neppure negare o scusare quello che ci è stato fatto: quello resta, il passato, infatti, non si può cambiare in alcun modo. Significa, invece, riconoscere e accettare che quella persona ci abbia ferito e causato sofferenza. Ma anche prendere coscienza del fatto che siamo noi stessi a tenerci stretto quel dolore e che sempre noi siamo gli unici in grado di lasciarlo andare, perché il suo peso invade in modo eccessivo il nostro spazio di creatività, di vitalità e di energia.

Il perdono, inoltre, non significa neppure necessariamente riconciliazione, anzi, una simile idea può piuttosto allontanarci dall'obiettivo. Infatti, per consentire lo spazio della riconciliazione è necessario che anche l'altra parte si apra e riconosca di averci fatto male, quindi, in sua mancanza, saremmo destinati a non poterlo portare a termine. Invece, la bella notizia è che l'altra persona non è assolutamente fondamentale nel nostro processo di liberazione dalla zavorra del rancore.

Perdonare significa, dunque, aprire uno spazio di empatia dentro di noi, nel quale, senza scusare, riusciamo a trasformare i sentimenti negativi che abbiamo provato, lasciando andare il fardello che ci opprime e accettando di correre il rischio di sbagliare all'interno delle relazioni.

Il perdono, dunque, non è un semplice atto verso l'altro, ma una vera e propria esigenza che si staglia sopra i nostri limiti, la nostra vulnerabilità e la nostra fragilità.

Quando l'incapacità di fare i conti con la rabbia o i conflitti che esacerbiamo nell'intimo porta a disturbi psicofisici quali stress, problemi di concentrazione, di salute mentale e di relazione, allora il perdono è la terapia, ma lo può essere solo nella misura in cui risulterà una decisione personale.

Chi è riuscito a perdonare può rendersi conto di quanto le emozioni spiacevoli diminuiscano a favore di nuove e corroboranti emozioni positive, che si propagano in tutte le sfere della nostra vita.

Per un leader, perdonare è dunque, un percorso terapeutico verso sé stesso e, a cascata, verso la propria organizzazione. Ovviamente non è per nulla facile, ma la capacità di perdonare e superare i conflitti, per preservare le relazioni e gli obiettivi importanti, posso assicurare che sia funzionale e adattiva alla sopravvivenza dei ruoli e dei risultati nel sistema aziendale.

La mancanza di perdono, pertanto, è una delle più grandi zavorre da affrontare e, poi, da lasciare andare.

Vedila così: ciascuna di queste zavorre rappresenta una prova, se non ce ne liberiamo sarà molto difficile decollare, e in ogni caso il viaggio sarà molto più faticoso di quanto potrebbe essere.

Il ruolo del mentore nell'abbandono delle zavorre

Come ho più volte ribadito, questo è di sicuro un passaggio molto difficile, in quanto significa abbandonare chi magari ci ha seguito per una vita, ma dobbiamo necessariamente vincere i sensi di colpa nei loro confronti. Il senso di colpa è quella sensazione negativa e dolorosa autoinflitta, che possiamo paragonare a una vera e propria condanna e persecuzione a opera della parte più severa di noi stessi. A volte il senso di colpa, se basato su effettivi comportamenti scorretti, può aiutarci a prendere atto delle nostre responsabilità ma, se scaturisce da un'azione necessaria e giusta, come nel nostro caso, può solo nuocerci e rappresentare un'ulteriore zavorra.

Anche in questo il Business Coach può essere di grande aiuto, perché rappresenta una certezza e può aiutare a risolvere tali questioni con il tatto che meritano, senza lasciare necessariamente strascichi nelle figure coinvolte. Egli rappresenta lo sguardo esterno che può focalizzare la situazione, senza coinvolgimenti emotivi e senza essere da questi condizionato.

Inoltre, sa come agire senza causare traumi e, grazie al suo intervento, accadrà tutto con estrema naturalezza... e gentilezza!

Ti sembrerà impossibile riuscire a sbrogliarti da un evento simile senza particolari traumi, ma, se ti affidi alla persona giusta e usi un atteggiamento adeguato, ti assicuro che non lo è.

● Il caso

Ti fornisco, pertanto, un esempio pratico. Voglio raccontarti un caso a cui ho lavorato un po' di tempo fa, in cui la situazione richiama proprio lo scenario di cui ti ho parlato.

Da un lato c'era un giovane imprenditore, che aveva raccolto l'eredità del padre, con una grossa volontà di innovare e far crescere l'impresa; dall'altra dei collaboratori storici, che non volevano saperne d'innovazione e che, in quanto detentori della conoscenza, a qualsiasi iniziativa del giovane imprenditore facevano valere in modo esplicito il loro veto.

Era una situazione che avevo già vissuto in un altro caso, che aveva purtroppo portato, in prima battuta, al fallimento del progetto d'innovazione e, successivamente, alla chiusura dell'azienda stessa, per cui la cosa mi risuonava molto familiare.

Questa volta, però, mi trovavo ad accompagnare un giovane imprenditore pieno di determinazione ma, non per questo, senza gentilezza e comprensione verso il contributo che, nel passato, quei collaboratori ostili avevano saputo dare al successo dell'azienda.

La cosa non mi sorprese, perché la gentilezza possiamo aspettarcela solo dalle persone determinate e sicure di sé.

Ricorda: la gentilezza è una prerogativa dei forti!

Cominciammo, così, un percorso di accettazione da un lato e di collaborazione dall'altro, in cui l'obiettivo era quello di mantenere al loro posto queste persone, ma allo stesso tempo creare i presupposti perché la loro posizione non fosse più così determinante per le sorti dell'azienda, agevolando una loro uscita, in vista dell'età pensionistica.

Devo ammettere che la scelta fu veramente coraggiosa, sia per l'investimento che per la convivenza: dovetti infatti utilizzare tutte le mie soft skills per non cadere nelle mille insidie che un incarico simile solitamente nasconde, sia in termini di provocazioni che di rischio di fallimento.

Il progetto è durato anni, con attività a singhiozzo, ma è stato un vero successo di crescita e innovazione! Riuscimmo a inserire nuovi processi e nuovi collaboratori, senza forzare la situazione, salvaguardando dei valori importanti, come il rispetto e l'umanità delle persone.

Non è così frequente trovare imprenditori disposti a investire in questi aspetti e per me è stato un progetto di grosso spessore umano e professionale. Oltre a dover utilizzare tutte le mie competenze, è stato veramente molto sfidante nelle relazioni e nella capacità di gestire situazioni al limite.

Ancora una volta la gentilezza ha vinto, rivelandosi un'arma potente.

La gentilezza dà valore alla nostra vita e ci aiuta a uscire dalle situazioni più difficili.

Usa sempre la gentilezza, anche di fronte ai nemici: rimarrai sorpreso dal suo potere!

CAPITOLO 12

"Undicesima tappa: l'Isola di Ogigia – *Mai accontentarsi*"

*"Avrei anche potuto accontentami, ma è così
che si diventa infelici"*
- Charles Bukowski -

*"Per nove dì mi trabalzava il fiotto,
e la decima notte i Dei sul lido
mi gettâr dell'Ogigia isola, dove
Calipso alberga, la divina Ninfa,
che raccoglieami amica, e in molte guise mi confortava."*

L'isola di Ogigia è il teatro di questa undicesima tappa.

Qui naufraga, infatti, Ulisse, dopo che per nove giorni la sua vita è rimasta aggrappata a un pezzo di legno, trasportata "a mollo" nel mare. E, sempre qui, vive la ninfa Calipso che, invaghitasi di lui, gli impedisce per sette lunghi anni di riprendere il mare.

Cosa cosa è accaduto? E perché?

Ecco la storia.

Dopo la catastrofe annunciata, che ha visto l'affronto degli ultimi compagni di Ulisse addirittura all'indirizzo di Zeus, con l'uccisione e il cibarsi delle vacche a lui sacre, e la loro successiva dipartita, Ulisse viene condotto dalle acque, stremato, sulla suggestiva isola di Ogigia presso la ninfa Calipso, che lo accoglie amorevolmente.

La ninfa s'innamora dell'eroe e lo tiene con sé, riprendolo di attenzioni e lusinghe e, desiderandolo come suo compagno di vita, arriva anche a offrirgli l'immortalità. Ulisse, nonostante le continue gratifiche della sua bella ospite, imperterrito rifiuta l'offerta della vita eterna, perché nel profondo del cuore altro non desidera se non ritornare a Itaca.

Il narratore ci riporta nel dettaglio quanto quel posto fosse magico, un vero paradiso terrestre, e anche quanto Calipso fosse affascinante e generosa, ma dentro il nostro eroe c'era qualcosa che non smetteva di ardere.

Di fatto, come trascorreva le sue giornate? Beh, per la maggior parte del tempo restava sul promontorio dell'isola, a scrutare il mare dall'alto e a sognare con ardore di ripartire. Con infinita nostalgia pensava alla sua casa, a Penelope, a suo figlio... e piangeva.

"Ma il giorno, seduto sopra le rocce e la riva,
con lacrime gemiti e pene il cuore straziandosi,
al mare mai stanco guardava, lasciando scorrere lacrime."

La dea Atena, dispiaciuta per il suo protetto, chiede l'intervento di Zeus.

Gli dei, riunitisi, decidono che Ulisse abbia sofferto abbastanza e che sia giunto per lui il momento di tornare a casa. Così Zeus incarica Ermes di convincere Calipso a lasciare andare l'eroe.

La ninfa, a malincuore, altresì dispiaciuta di veder soffrire l'amato, acconsente.

Calipso, dunque, lascia finalmente Ulisse libero di andare, gli procura viveri per il viaggio e legname per costruirsi una zattera.

"Infelice, non starmi più a piangere qui, non sciuparti
la vita: ormai di cuore ti lascio partire.
suvvia, grossi tronchi col bronzo tagliando, connettili
in zattera larga; poi saldo castello disponivi,
alto, che possa portarti sul mare nebbioso.
Intanto io pane, acqua, vin rosso
porterò in abbondanza, che tengan lontano la fame,
e vesti ti vestirò, ti manderò dietro il vento,
perché illeso tu arrivi alla terra dei padri,
se i numi vogliono, quelli che il cielo vasto possiedono
e hanno più forza di me per comandare e volere."

Prima di farlo andare, però, vuole sapere come mai preferisca tornare a casa, piuttosto che rimanere lì e poter godere dell'eterna giovinezza, dell'immortalità, della bellezza di quell'isola meravigliosa e dell'amore di lei, una splendida ninfa.

Ulisse le risponde di essere ben consapevole del costo della sua rinuncia, ma di voler vivere il giorno del suo ritorno. Desidera ricongiungersi ai suoi affetti e dimorare di nuovo nella sua amata terra.

● La via del ritorno e la tentazione di accontentarsi

E ora veniamo a noi!

Siamo ormai sulla via del ritorno e questa è una tappa interlocutoria, l'azienda sta risorgendo, anche se sta rischiando di fermarsi, perché ha sistemato gran parte delle cose e ha ricevuto una ricompensa.

Abbiamo già affrontato una situazione simile, se ricordi: nel settimo capitolo, durante la sesta tappa, quella che ci ha condotto sull'isola di Circe.

Situazione simile, ma non uguale!

In quel caso Ulisse e i suoi compagni, prima di stazionare in una condizione agiata e tentatrice, vengono accecati da una circostanza apparentemente idilliaca, poi rivelatasi ostile. In questo caso, invece, il contesto è a tutti gli effetti idilliaco: un luogo paradisiaco, l'eterna giovinezza, l'immortalità e la compagnia di una ninfa bellissima, oltretutto perdutamente innamorata dell'eroe.

E allora - ti domanderai - cos'è che non va?

Nonostante la condizione appaia ottimale, non è quella che desidera il nostro Ulisse.

Ti faccio subito un esempio pratico: nella vita di tutti i giorni sono sicuro che la maggior parte delle persone viva nell'isola di Calipso. C'è chi vi soggiorna per qualche mese, chi per qualche anno e chi per sempre, rinunciando così ai propri sogni, alla propria "alta chiamata".

Quest'isola può essere raggiunta in ogni ambito della vita, da quello sentimentale a quello lavorativo. E proprio su quest'ultimo ci soffermiamo.

Quante persone si trovano a fare un mestiere che non è esattamente quello a cui hanno sempre aspirato? Eppure, vi si sono adattate perché: garantisce loro un buono stipendio a fine mese, con il quale provvedere a tutte le spese quotidiane; offre una posizione stabile e quindi una sicurezza, magari a tempo indeterminate; sono inserite in un buon ambiente di lavoro e così via...

Bene, questa appena descritta è l'incantevole isola di Calipso!

E posso assicurare che, da una parte, sia meravigliosa, ma allo stesso tempo che chi vi soggiorna, nonostante gli infiniti motivi a rimanerci, non smette di convivere con il rimpianto di non aver provato a seguire il proprio sogno. E quella fiammella continuerà a bruciargli dentro per tutta la vita, causandogli inevitabilmente un indomabile senso di frustrazione.

C'è chi quella fiammella la soffoca; chi continua a farla ardere, ma senza alimentarla, facendo finta di non sentirla e chi, infine, si focalizza su di lei, disperato e determinato, lasciandola aumentare fino al punto in cui divampi in un incendio e quel fuoco sacro coinvolga la sua intera esistenza. Ed è solo con quella determinazione che l'intero universo si muoverà a suo favore, esattamente come è accaduto a Ulisse, permettendogli di ripartire per andare incontro al suo obiettivo.

Il nostro pensiero crea, ricordi? Te ne ho parlato nel capitolo o: se crediamo fermamente in qualcosa, questo qualcosa accadrà.

Quindi, per quanto possa essere piacevole la nostra sosta, è solo una sosta, appunto. Dobbiamo essere determinati nel proseguire, credendo fermamente nello scopo finale che ci ha mossi, il quale ci mostrerà che quella condizione non è il nostro punto di arrivo, ma di passaggio.

Purtroppo viviamo in una società in cui la sicurezza vince sul rischio, ma è solo rischiando che potrai trovare il successo, la tua vera realizzazione.

● La fedeltà alla vera meta dell'imprenditore: il rischio

Una situazione comoda e che, soprattutto, ti dia sicurezza, non è facile da abbandonare, lo so, ma se non è lì che avevi intenzione di arrivare, se la tua metà è oltre, la tua coscienza non ti lascerà in pace, finché non proseguirai il tuo viaggio.

Un leader intelligente e consapevole conosce l'illusorietà di una simile situazione. Fa parte del pacchetto di esperienza da acquisire per progredire nel percorso. In questa fase puoi metabolizzare quali siano i rischi da assumere e quali quelli da cui proteggerti.

Da buon leader sai bene che ogni obiettivo che ti sei prefissato di raggiungere ha un suo prezzo. Nella vita c'è un prezzo da pagare per tutto, anche se spesso il costo è nascosto, e apparentemente non si mostra. Come pure sai perfettamente che l'assunzione di rischi sia una parte indispensabile della tua leadership, ma allo stesso tempo anche un'abilità di auto-conoscenza, di quanto sei effettivamente disposto a rischiare e pagare per ottenere quello a cui miri.

Quando guardiamo ai leader che hanno fatto o fanno la differenza, solitamente ci si ferma ad ammirare il loro coraggio di iniziare, differenziandoli da coloro che, invece, restano ad attendere un fantomatico "momento migliore", una situazione più sicura che possa garantire loro ipotetici risultati certi... insomma un "mai" camuffato da "poi".

Ma quanto siamo in grado di riconoscere e apprezzare il loro coraggio di continuare, vero potere delle vittorie raggiunte?

E cosa vuol dire "continuare nell'impresa", se non andare avanti senza smettere di accettare i rischi connessi, assumendosi ogni singolo giorno le responsabilità dell'inizio, ma con un bagaglio di consapevolezza sempre più pesante? E, nonostante il peso aumenti invece di diminuire, restare focalizzati e determinati, mettersi in gioco per rielaborare di volta in volta le difficoltà, le stanchezze, i fallimenti, insomma gli ostacoli connaturati al percorso. Questo fa un leader efficace: accetta quotidianamente di correre rischi, anche perché è consapevole che essere troppo cauto o indeciso uccide le opportunità.

Pertanto, oggi, se vuoi davvero essere il leader del tuo viaggio imprenditoriale, devi usare tutte le tue capacità di assunzione e gestione del rischio connesso e creare tu un contesto paradisiaco di innovazione e creatività.

● Leadership e gestione del rischio

La leadership è un'arte che si comunica nel coraggio di prendere decisioni difficili e nella capacità di condurre sé stessi e gli altri al raggiungimento di obiettivi comuni.

Ma anche lei ha le sue sfide.

La principale è proprio ciò di cui stiamo parlando, la gestione del rischio, appunto. Ogni buon leader è chiamato a identificare, valutare e gestire continuamente i rischi in modo diretto e proficuo per garantire il successo di tutta l'organizzazione.

E come?

Attuando un processo sistematico di identificazione, analisi e risoluzione delle insicurezze che possano influenzare negativamente il perseguimento degli obiettivi dell'organizzazione.

Siamo d'accordo che per gestire efficacemente la possibilità di rischio connessa al fare impresa, la tua leadership richieda di potenziare tutta una serie di competenze tecniche e comportamentali, nonché una limpidissima visione strategica?

Ecco, senza questo e una strategia efficace di gestione del rischio, il vero rischio auto inflitto diventa quello di trovarti a navigare a vista, rendendo l'intera flotta vulnerabile ai pericoli e alle crisi.

La verità scomoda, mi rendo conto, è che solo attraverso una responsabile e continua gestione del rischio potrai riuscire a sfruttare le opportunità e prendere decisioni consapevolmente, aumentando così, invece che le probabilità di pericolo, quelle di successo.

Il che, nella pratica, significa agire in maniera procedurale, attraverso degli step ben precisi:

1. identificazione;
2. valutazione;
3. assegnazione di priorità;
4. sviluppo delle strategie;
5. monitoraggio dei risultati.

1. IDENTIFICAZIONE
   In questa fase, il tuo compito è saper scorgere e riconoscere con attenzione le potenziali minacce contro gli obiettivi aziendali. Quali potrebbero essere questi rischi? Eventi esterni, come ad esempio, cambiamenti politici o economici; oppure interni, come limitazioni tecnologiche o superficialità professionale di alcuni collaboratori.

2. VALUTAZIONE
   Una volta identificati, devi valutare questi rischi in termini di probabilità e impatto. Cosa intendo? Con probabilità faccio riferimento al livello di possibilità

che il rischio effettivamente si verifichi, mentre con impatto alla stima del possibile effetto che il rischio potrebbe avere sull'organizzazione. In questo modo sarai in grado di stabilire le priorità nella gestione del tutto.

3. ASSEGNAZIONE DI PRIORITÀ
Dopo la valutazione occorre classificare i rischi in base alla loro importanza complessiva, tenendo conto sia della probabilità che dell'impatto, allo scopo di dare un ordine di priorità.

4. SVILUPPO DELLE STRATEGIE
Per ogni rischio devi identificare e reimpostare tutte le misure necessarie a minimizzarne la probabilità e ridurne l'impatto. Per i rischi con una minore priorità potresti anche decidere di non agire e tenerli solo monitorati.

5. MONITORAGGIO DEI RISULTATI
Il monitoraggio continuo dell'efficacia delle strategie elaborate è fondamentale, ovviamente, sia per essere pronti in ogni momento dovessero presentarsi pericoli, sia per apportare le dovute modifiche alla luce dell'esperienza acquisita nel tempo.

In sostanza, il rischio fa parte della tua natura di leader: ogni obiettivo che vorrai raggiungere ti porterà necessariamente ad affrontare altre sfide. E non è detto che riuscirai mai a raggiungerlo, ma almeno ci avrai provato, attivando una serie incredibile di capacità di adattamento e risposta alle avversità, che prende il nome di resilienza.

Mettere tutto a rischio per raggiungere la propria meta può essere estremamente faticoso, ma credimi... ne vale la pena!

Se la tua azienda sta vivendo un momento propizio, ma non hai ancora concluso il cambiamento che tanto agognavi, non ti fermare, congedati da Calipso e prosegui.

Bisogna essere fedeli ai propri obiettivi e non perderli mai di vista.

Ricorda sempre a te stesso e ai tuoi collaboratori qual è la metà e quali sono le ragioni per le quali è stata definita. Qual era la situazione aziendale prima d'intraprendere il viaggio e quale potrà essere una volta concluso.

Ricorda e individua le forti motivazioni e ambizioni, anche al di là dell'azienda, che ti hanno spinto a compiere quest'impresa.

◉ Il ruolo del mentore nel superare le tentazioni

Il Business Coach, il tuo mentore aziendale, ti sarà sicuramente utile in questo viaggio all'interno di te stesso, alla ricerca della motivazione primaria, della scintilla che ha acceso il fuoco del cambiamento.

Egli ha studiato bene sia te che la tua azienda, e saprà sicuramente come spronarti e incentivarti a riprendere il viaggio verso la tua "Itaca".

In sintesi? Non ti accontentare, mai!

Sarebbe il più grande torto che potresti fare a te stesso e alla tua azienda.

È sicuramente molto difficile e faticoso proseguire il viaggio del cambiamento tra le varie avversità, lasciandosi magari alle spalle un accenno di benessere e tranquillità. Attenzione! Ho parlato di accenno, perché quando giungerai alla meta, il benessere tuo e della tua azienda sarà totale.

Cambiare è faticoso, ma la fatica ti conduce alla ricompensa, quindi non ti fermare per nessun motivo: il mio compito è far sì che ciò non accada.

Il mio compito è sempre stato quello di aiutare gli imprenditori a non arrendersi e credimi, anche questa non è un'impresa facile!

● Il caso

"Non pensavo che fosse così complicato" questa è la frase che, al termine di un'ennesima riunione, mi disse un imprenditore per cui ho lavorato.

"Cosa?", ribattei prontamente.

La risposta arrivò veloce e quasi scontata: "Cambiare le cose".

Non mi stancherò mai di ripeterlo: il cambiamento di per sé richiede tantissima energia, soprattutto se si tratta di cambiare situazioni e abitudini acquisite in anni e che coinvolgono molti attori.

Il cambiamento, inoltre, richiede molta perseveranza e un'indomita volontà.

È importante capire che situazioni decennali non possano essere cambiate in poche ore; come anche e soprattutto è importante capire che, se in azienda non c'è il giusto clima di reciproca fiducia e sintonia, non possa avviarsi alcun processo di cambiamento.

A quella famosa riunione ci eravamo arrivati dopo mesi di lavoro costante e, finalmente, l'imprenditore cominciava a capire che non si trattava di una passeggiata. La sua comprensione fu fondamentale per definire il percorso.

Quando ho assunto l'incarico c'era una tale distanza tra lui e i suoi primi livelli, che non esisteva sintonia sulle modalità con cui affrontare qualsiasi attività. Chiarisco: entrambe le parti agivano e volevano il bene dell'azienda, ma con visioni diverse!

Da una parte l'attenzione era tutta verso i risultati, dall'altra, invece, era sulla capacità da parte dell'azienda di saper mantenere fede ai propri valori e a quelli dei propri dipendenti.

Nessuna delle due parti era consapevole dell'altra, finendo per innescare meccanismi abbastanza pericolosi che avevano minato la comunicazione aziendale.

Mi resi conto fin da subito che qualsiasi miglioramento sarebbe stato veramente difficoltoso da attuare, se prima non avessimo ripristinato un clima di reciproca comprensione e collaborazione tra le parti.

Le alternative erano molto semplici: cambiare gran parte del management oppure rimanere nello status quo.

Non fu semplice, ma riuscii a portali tutti intorno a un tavolo a esprimere apertamente ciò che pensava l'uno dell'altro. Non vi dico cosa ne uscì, ma avevo comunque preparato bene la strada, calcolando un po' tutto, infatti si conclude esattamente come avevo immaginato.

Quella riunione fu uno spartiacque incredibile e da lì in poi i rapporti migliorarono in modo eccezionale. Si poterono affrontare finalmente argomenti che prima sarebbe risultato complicato anche solo sfiorare.

In generale, ci fu un'apertura straordinaria e generalizzata verso il cambiamento e l'ascolto di nuovi punti di vista.

I risultati non tardarono ad arrivare e la soddisfazione fu grande per tutti, sia in termini di clima aziendale che di indicatori aziendali.

In conclusione:
- Il cambiamento è un processo complicato, ma non per questo bisogna fermarsi prima di portarlo a termine e accontentarsi. Quindi, fatti aiutare!

Nel tragitto potrai incontrare oasi di ristoro: non rifiutarle a priori, ma sosta il tempo necessario a ricaricarti e riparti subito, dritto e deciso verso il tuo obiettivo.

Itaca è vicina!

CAPITOLO 13

"Dodicesima tappa: l'Isola dei Feaci – L'eco degli errori"

"La verità di domani si nutre dell'errore di ieri"
- Antoine de SaintExupéry -

"Per diciassette giorni navigai, traversando l'abisso,
al diciottesimo apparvero i monti ombrosi
dell'isola vostra: si rallegrò il mio cuore,
infelice! invece dovevo incontrare di nuovo gran pianto,
che mi mandò Poseidone Enosictono,
scagliandomi contro i venti, inceppò il mio cammino,

sollevò un mare orrendo, mai l'onda lasciava
di trascinarmi qua e là, gemente sopra la zattera.
Poi il turbine me la sconnesse; e io allora
nuotando attraversai questo mare, fin che alla terra
vostra m'avvicinarono il vento e l'acqua, spingendomi.
E mentre tentavo l'approdo, mi sbatté l'onda a riva,
contro l'immane scogliera, in un luogo pauroso.
Strappato di là, ripresi a nuotare finché raggiunsi
un fiume, e qui mi parve il luogo migliore,
privo di rocce; ed era al riparo dal vento:
là caddi svenuto"

Tappa numero dodici, ovvero l'ultimo sforzo che precede la prova finale, il raggiungimento dell'obiettivo, il ritorno a Itaca.

Ulisse finalmente è ripartito dall'isola di Calipso ma, a causa di una tempesta violentissima, scatenata dal dio Poseidone, ancora in collera con l'eroe per il trattamento riservato al figlio Polifemo, naufraga sull'isola dei Feaci, prolungando ulteriormente il suo viaggio, oramai quasi al termine.

● Analisi del viaggio: impariamo dagli errori commessi

In questa tappa si fanno i conti con gli sbagli fatti durante il cammino.

Il primo in analisi è, senza dubbio, l'errore commesso da Ulisse all'inizio del viaggio, durante la terza tappa: uno di quelli che lo fa deviare proprio a pochi passi dalla meta. Prendendosi gioco del suo nemico Polifemo, infatti, lo sconfigge servendosi dell'astuzia, ma la vittoria, evidentemente, non è sufficiente, così provvede a infierire su di lui. Un atteggiamento irriverente e inutile, costato molto caro.

Ma gli errori non sempre riportano conseguenze immediate, a volte se ne possono vedere gli effetti nei momenti più impensabili. Sia ben chiaro, non voglio minimamente demonizzare l'errore, anzi, è una parte integrante di un percorso di crescita, tanto che se non ci fosse vorrebbe dire che non c'è stato alcun movimento, che non abbiamo osato.

Di errori, poi, ne esistono di svariate tipologie, alcuni sono addirittura inevitabili, ma quello commesso da Ulisse è uno di quelli che si possono tranquillamente aggirare con il ricorso costante a due armi invincibili: la gentilezza e la compassione. Soprattutto con le persone che reputiamo nemiche. Questo, mi raccomando, ricordalo sempre!

Gli altri sono diversi da noi, hanno personalità e storie complesse e differenti dalle nostre, che si ripercuotono sul loro atteggiamento, sulle loro azioni. Ovviamente, non sempre possono essere di nostro gradimento, particolarmente se ci intralciano la strada, ma ciò non conferisce a noi il diritto di essere sgarbati, soprattutto dopo aver arginato l'ostacolo e aver vinto la sfida. È un peccato di arroganza, che potrebbe rivoltarsi, anche se non subito, proprio contro noi stessi.

Ma come si può essere gentili e compassionevoli con il proprio nemico?

Concepirlo, in realtà, non è così difficile come sembra, una volta fatta chiarezza con la propria coscienza: basta partire dal presupposto che siamo tutti imperfetti. Ogni essere umano possiede dei lati oscuri, come, allo stesso tempo, ne possiede di luminosi. C'è del buono in ogni persona, ma non è così automatico che tutti lo vedano, perciò hai bisogno di acquisirne consapevolezza e allenare il tuo sguardo interiore. Tutto dipende dalla prospettiva, dall'angolazione da cui guardi le persone e la vita. Sta a te decidere se concentrare lo sguardo sugli aspetti negativi o su quelli positivi e, in relazione a questo, potrai vedere tutto nero o tutto colorato.

Cerca, quindi, in ogni persona il lato buono, favorendo così un tuo atteggiamento gentile. In questo modo eviterai di commettere sbagli che possano deviarti dal giusto cammino e, soprattutto, farai del bene a te stesso.

La gentilezza conduce alla serenità d'animo, mentre atteggiamenti scortesi portano a situazioni negative e di stress.

Un ambiente sereno fa bene alla salute, favorendo stabilità e concentrazione.

Un ambiente stressante, al contrario, ha ripercussioni negative in ogni ambito, portando inevitabilmente a una serie di altri errori.

Concorderai che sia molto più facile sbagliare in una condizione di stress, piuttosto che in una condizione di tranquillità.

Credimi, essere una persona affabile è il miglior regalo che tu possa fare a te stesso... e alla tua azienda!

Potrei chiamare in causa, a questo punto, una delle "soft skills" di leadership che preferisco: l'intelligenza emotiva. Ne avrai di certo sentito parlare, perché a tutti gli effetti viene riconosciuta oggi come la principale capacità di identificare, valutare, controllare ed esprimere le proprie emozioni, la cui l'abilità di utilizzarle consente di comprendere i propri collaboratori e l'intero team, riuscendo ad aumentare empatia e connessione.

Spesso sento utilizzare il termine in modo abbastanza impreciso, molti riducono l'intelligenza emotiva alla capacità generica di "capire le emozioni personali e altrui", in realtà è molto più complessa e completa di così.

In cosa consiste, allora?

Per presentarti l'argomento in modo sintetico ed esaustivo, senza alcuna pretesa di poterlo esaurire in questo contesto, vorrei partire da una figura di grande rilievo che sull'argomento rappresenta una vera autorità: lo psicologo americano Daniel Goleman. Il quale nel suo libro "Intelligenza emotiva" identifica i cinque elementi essenziali di intelligenza emotiva per i leader:

1. CONSAPEVOLEZZA DI SÉ
   Sviluppare una buona dose di consapevolezza personale permette al leader di acquisire una chiara immagine dei propri punti di forza e di debolezza, inoltre di vedere l'effetto dei suoi comportamenti e delle sue azioni sugli altri.

2. AUTOREGOLAZIONE
   Cosa intende Goleman? Possiamo semplificare dicendo che sia la conseguenza della consapevolezza di sé, in quanto consente di elaborare modalità per individuare possibili scatti emotivi o risposte disfunzionali agli stimoli. L'autoregolazione permette di fer-

marsi, indietreggiare, se necessario, e guardare alla situazione contingente con occhi più obiettivi. In tal modo, diventa possibile agire in maniera considerata, evitando toni e atteggiamenti che possano risultare minacciosi o autoritari. Questo aiuta i leader a evitare i rischi di decisioni affrettate sull'onda della rabbia o della frustrazione.

3. MOTIVAZIONE
La motivazione è il fondamento di una leadership solida. Vien da sé che collaboratori motivati lavorino con maggiore efficienza, attivando modalità per aumentare la propria produttività ed essere di supporto anche all'attività dei colleghi. L'efficacia della leadership consiste nel mantenere la propria motivazione, così da fungere da ispirazione per la squadra, che riprodurrà l'esempio ricevuto. L'ottimismo, poi, va a nozze con la motivazione e, in più, è estremamente contagioso. Ecco che un gruppo motivato sarà un gruppo felice e proattivo, che concorrerà alla promozione di un benessere e di un lavoro maggiori.

4. EMPATIA
Anche l'empatia è un pilastro essenziale di una leadership emotivamente intelligente.
Gli imprenditori che la allenano, riescono più facilmente a mettersi nei panni degli altri, comprendendo meglio e, di conseguenza, accettando di buon grado i comportamenti degli altri, sviluppando strategie efficaci di management sulla base di quanto appreso.

L'empatia, infatti, aiuta a prevedere cosa potrebbe generare conflitti e difficoltà, a percepire le emozioni dei collaboratori e a riprenderli nei loro atteggiamenti scorretti in modo costruttivo.

5. COMPETENZE SOCIALI

Nella società odierna, anche alla luce dell'esperienza pandemica vissuta e della conseguente necessità di alternare lavoro in presenza allo smart working, possiamo vedere come i confini tra casa e lavoro si siano assottigliati e le differenze tra i comportamenti associati ai diversi ambienti siano meno nette. Per questo, molto spesso i collaboratori si aspettano di essere trattati sul posto di lavoro su per giù come a casa, ecco perché un leader deve cominciare a pensare a ciascuno di essi come a un individuo a sé stante, comunicando in maniera aperta e trasparente, manifestando comprensione e rispetto per le necessità e le vicissitudini specifiche.

Intelligenza emotiva: importanza e attuazione

Possedere una forte intelligenza emotiva permette al leader di favorire e promuovere una cultura positiva e d'inclusione, oggi sempre più richiesta per il successo aziendale, perché aiuta a selezionare e mantenere i migliori talenti e ad aumentare i profitti.

Ma cosa fare nella pratica?

Voglio indicarti una serie di consigli che nella mia esperienza di mentorship aziendale hanno davvero dato risultati proficui.

Innanzitutto, è cosa buona e giusta aumentare il coinvolgimento, grazie a una cultura del lavoro basata su positività e produttività. Al contrario, se i dipendenti non si vedono coinvolti, possono sentirsi e diventare un peso, portando a una diminuzione della produttività e della collaboratività, generando un turnover elevato.

Di conseguenza, potrai migliorare le interazioni, instaurando un "regime di fiducia" che aiuti le persone a mostrare il lato migliore di sé, in tal modo riuscirai a sfruttare davvero al massimo il talento e le capacità del tuo team.

Non dimenticare di incoraggiare la condivisione di idee; infatti, sentirsi al sicuro emotivamente aiuta i collaboratori a creare e innovare. Puoi stimolare questo sentimento mediante la condivisione di feedback costruttivi e propositivi.

Impegnati a diventare un risolutore di conflitti! Con il corretto uso dell'intelligenza emotiva, riuscirai a riconoscere immediatamente problemi come stress, burnout o negatività, stroncandoli sul nascere.

Così facendo riuscirai a gestire il cambiamento sia imposto che perseguito. Quella in cui viviamo, in effetti, è un'epoca di continui stravolgimenti. E l'intelligenza emotiva aiuta a tirar fuori la resilienza, aiutando i membri del team ad adattarsi al cambiamento e abituandosi a convivere con l'incertezza.

Ovviamente, i principi psicologici sottesi si applicano tanto all'ambiente di lavoro quanto alla vita di tutti i giorni. Indubbiamente, le emozioni positive portano a un pensare positivo, potenziano la volontà di acquisire competenze sempre nuove ed entusiasmano perché aumenta la connessione con le persone. Il rovescio della medaglia, invece, è rappresentato da tutti quei sentimenti negativi che, troppo spesso, albergano nella realtà aziendale e che portano a far uscire il peggio di sé: dalla mancanza di fiducia negli altri a una visione ombelicale del lavoro, fino a giungere alla ristrettezza di orizzonti condivisa a livello dell'intera organizzazione.

Sviluppare un'intelligenza emotiva è, dunque, non solo possibile, ma auspicabile per ogni leader. È vero, alcuni hanno una propensione maggiore di altri, magari riescono ad attuarla in maniera naturale, fatto sta che resta comunque una competenza che può essere appresa e potenziata.

Consigli pratici ne abbiamo? Decisamente sì!

- ► Diventa sempre più consapevole di ciò che conta: mi riferisco ai tuoi valori e a tutti quei principi che valgono per te e che guidano la tua azienda.
- ► Ammetti gli errori e affronta le conseguenze: non perdere tempo a incolpare altri, ma assumiti sin

dall'inizio le tue responsabilità, dimostrando di avere a cuore il tuo lavoro e i tuoi dipendenti.

► Allena calma e razionalità per gestire in modo efficace sentimenti come rabbia, delusione o frustrazione. Fermarsi, distrarsi e respirare con tecniche di rilassamento possono aiutarti nella gestione di questi stati emotivi forti.

► Prendi coscienza del tuo tono di voce e del linguaggio non verbale quando ti relazioni agli altri.

► Impara come guadagnarti il rispetto, lasciando al tuo team il tempo di conoscerti e sviluppare fiducia in te.

► Lavora sulla tua motivazione, alimentando ciò che ti motiva e stabilendo costantemente nuovi obiettivi.

► Allenati a essere ottimista: prova a vedere il lato positivo nelle situazioni che devi gestire, coinvolgendo anche gli altri nel percorso.

Dunque, l'intelligenza emotiva non solo è possibile apprenderla e svilupparla, ma funziona nella misura in cui riuscirai a metterla in pratica in forma concreta.

Solitamente, di fronte a questa mia affermazione, la maggior parte dei leader, con cui mi trovo a interagire, mi chiede esempi da attuare nella loro prassi gestionale per iniziare a promuoverla. Immagino possa essere l'interesse che colpisca anche te, sentendo il bisogno di approfondire in maniera verticale atteggiamenti pratici da cominciare a esercitare nella tua sfera d'azione.

- **Connettiti con gli altri a un livello personale**
  Non temere di investire il tuo tempo nella conoscenza individuale dei membri del tuo team: conoscere le loro esperienze e condizioni personali ti aiuterà a relazionarti con quello che per loro conta negli scambi sociali e a comprendere i motivi sottesi alle loro reazioni di fronte alle varie situazioni. Inoltre, è importante che nella vostra relazione essi si sentano persone, prima che dipendenti. Eventi come ricorrenze, anniversari, compleanni è importante ricordarli e festeggiarli, anche con un semplice augurio; così come lo è mostrarsi presente nelle possibili situazioni familiari complicate che i collaboratori possano vivere, semplicemente informandosi regolarmente.
  Ma anche tu devi imparare ad aprirti con loro, a confrontarti a livello personale, mostrando la tua naturale vulnerabilità: ciò ti renderà un leader più "umano", capace di fare la differenza su più livelli e, di conseguenza, anche più facile da capire e supportare nei momenti difficili che ti riguardano. Questo modo di impostare i rapporti fa davvero la differenza nella tua azienda.

- **Non risparmiare sui complimenti**
  Un leader forte in intelligenza emotiva sa bene che gli elogi non devono limitarsi solo al momento del raggiungimento effettivo dei risultati, ma che fanno parte del progresso costante del collaboratore. Perciò complimentati con i membri della tua squadra ogni volta che riscontri un miglioramento, uno

scatto, un progresso anche piccolo. È fondamentale lavorare in un contesto gratificante e riconoscente: stimola il sistema endocrino a produrre i cosiddetti "ormoni della felicità e del benessere".

- **Non smettere mai di ascoltare**
  Hai mai sentito parlare di "epochè"? Si chiama così quell'atteggiamento di messa tra parentesi di ogni pregiudizio o opinione personale aprioristica. Ed è la modalità ottimale con cui predisporti ad ascoltare i collaboratori, perché in tal modo riuscirete a creare uno spazio sicuro per la condivisione di idee e preoccupazioni. Inoltre, rapportarti in modo più oggettivo a eventi e persone ti aiuterà anche a potenziare le tue capacità di comunicazione, chiedendo feedback e operando tutte le correzioni necessarie a manifestare la tua intenzione di ascolto.

- **Lascia libera espressione a tutti**
  Assicurati che ogni membro della tua squadra abbia la possibilità di contribuire con interventi che vengano realmente ascoltati. Considera che ogni persona ha il suo tempo di apertura e condivisione, per cui attendi che ciascuno sia pronto e a proprio agio.

- **Comunica con empatia**
  Per garantire eterogeneità nella tua organizzazione è fondamentale sapersi mettere nei panni degli altri. La condizione necessaria affinché le persone riceva-

no il tuo messaggio nel giusto modo è pensare a quale sia la migliore modalità di farglielo arrivare.

Infine, allenati a gestire il conflitto con approcci risolutivi più funzionali, in base a situazioni e controrelatori, facendo attenzione anche al tono delle risposte.

Sii cordiale con tutti i tuoi dipendenti e collaboratori, rimarrai sorpreso nel vedere come questo possa influire sulla vita dell'azienda e sulla sua produzione.

Un ambiente sereno, infatti, è il primo stadio verso il successo.

Abbiamo, così, arginato questo tipo di errore, che oserei definire, "l'errore primordiale". Andiamo a vedere subito come affrontare gli effetti degli sbagli commessi lungo il cammino, a partire dall'analisi del comportamento di Ulisse.

Le deviazioni - tentazioni prima dell'arrivo

"Sfigurato dalla salsedine, alle fanciulle apparve spaventoso:
tutte fuggirono qua e là sulle rive prominenti;
solo la figlia di Alcinoo restò ferma, perché Atena
le infuse coraggio nel cuore e le tolse il tremore dal corpo:
stette immobile di fronte a lui. Odisseo fu incerto
se abbracciare le ginocchia della fanciulla dal bel volto
oppure rimanere a distanza e chiederle, con dolci parole,
di indicargli dove fosse la città e di dargli delle vesti."

Nel viaggio mitologico Ulisse, dopo il naufragio, si risveglia nella terra dei Feaci, qui viene amorevolmente soccorso da Nausicaa, la figlia del re Alcinoo. Ella lo conduce alla corte del padre che, senza esitare, lo accoglie benevolmente.

Come nell'isola di Calipso, l'eroe si trova nuovamente in un posto accogliente - anche se questa volta eviterà di rimanerci per sette anni!

A prescindere dalla gravità delle conseguenze, bisogna saperle superare, senza farsi allontanare troppo dal proprio obiettivo, come invece è accaduto a Ulisse, nuovamente intrappolato in una "gabbia dorata".

Rapportando questo al tuo specifico percorso, la deviazione potrebbe infatti condurti in una nuova zona di comfort, dove il rischio è quello di tentare di fermarti proprio in procinto dell'arrivo.

Abbiamo ampiamente trattato questo argomento nel precedente capitolo, arrivando alla conclusione che devi aggrapparti con tutte le tue forze alle motivazioni che ti hanno condotto fino a lì.

Nonostante la situazione possa sembrare delle migliori, tenendoti saldo alla tua "alta chiamata", devi voltarle le spalle e riprendere il viaggio. Se rimani centrato e determinato sui tuoi intenti, tutto evolverà a tuo favore, esattamente com'è accaduto a Ulisse. Egli, infatti, rendendo partecipi i Feaci e il loro re del suo dramma, attraverso il racconto delle avversità incontrate e superate, ed esprimendo loro il forte desiderio di ritornare a casa, riesce a commuovere Alcinoo che, colpito dalla sua perseveranza e determinazione nel raggiungere l'amata patria, provvede a farlo ritornare a Itaca.

Il ruolo del mentore nel superare le zone di comfort

Le zone di comfort possono rappresentare delle mine sparse lungo il nostro tragitto e, oltre alla determinazione, è necessario l'aiuto di chi, conoscendo bene questo campo minato, possa indicarci la via d'uscita.

Sai già di chi sto parlando: di una figura che accompagna l'imprenditore lungo le strade insidiose dalla sua "odissea", il Business Coach.

Rappresentando orgogliosamente questa figura, ti posso garantire che ne ho neutralizzate tante di queste mine, sparse anche lungo il mio percorso.

Il caso

Com'è accaduto a Ulisse di affezionarsi a una terra che lo aveva amorevolmente accolto, è successo anche a me di affezionarmi a un'azienda, forse anche a più di una, come ti ho già raccontato qualche capitolo fa, nello specifico, alla sesta tappa, dimora della terra di Circe.

Ma in merito, ho in serbo per te un altro mio caso, forse il più clamoroso, in cui con l'imprenditore si era venuto a creare un rapporto di fiducia molto forte e proficuo, e con il quale ho avuto la tentazione di fermarmi.

La collaborazione era iniziata grazie a una sua chiamata, effettuata dopo aver appreso, attraverso il mio sito, che avevo già seguito aziende facenti parte del suo settore.

La situazione era veramente critica, l'azienda era presente da circa quarant'anni sul territorio ed era alla seconda generazione, il padre e i due figli erano attivi con ruoli operativi. Qualche anno prima avevano avuto la brillante idea di inserire un direttore commerciale, al quale erano state cedute delle quote e data carta bianca.

Dopo un periodo iniziale di collaborazione con questo socio, in cui tutto sembrava andare per il meglio, iniziarono i primi dissidi, il socio fu liquidato e allontanato e l'impresa fu presa in mano dal fratello maggiore.

La mia attività iniziò proprio in quel momento e vi assicuro che non fu per niente semplice recuperare la situazione. Tutta la produzione era stata esternalizzata, la famiglia non godeva più di un gran credito da parte dei dipendenti, oramai abituati alla figura dell'ex-socio, il quale, andando via, aveva portato con sé anche parte dei clienti.

Il fratello maggiore, che di fatto rappresentava in questo caso l'imprenditore, aveva una grande volontà di risollevare l'impresa, farla tornare ai vecchi fasti, arrivando a competere con i marchi di riferimento del settore.

Era molto affascinato dalla Lean Production e per questo mi aveva cercato.

Ci misi tutto me stesso e, con l'aiuto di un paio di collaboratori, ripresi in mano la situazione, utilizzando il sistema Lean e l'analisi dei processi, come strada di accesso alle dinamiche aziendali. Entrammo in contatto con le persone e creammo quel clima di fiducia reciproca che mancava, ripristinando così un buon ambiente in azienda.

Introducemmo l'abitudine di effettuare incontri settimanali tra tutti i primi livelli, insieme ovviamente all'imprenditore, per pianificare e tracciare le attività mediante la tecnica del Visual Management. Questo sistema creò quel clima di collaborazione che portò l'azienda a ottenere i risultati voluti.

Inoltre, l'imprenditore capì che alcuni processi erano troppo importanti per essere lasciati all'esterno, soprattutto se l'intenzione era di competere sulla qualità con concorrenti decisamente ben attrezzati. Iniziò, quindi, a riportare all'interno alcune fasi importanti del flusso produttivo.

Fummo molto presenti in questo tipo di attività, aiutando l'imprenditore a ridefinire gli spazi e a creare i presupposti per ridisegnare il processo produttivo interno, con l'aiuto indispensabile di tutti i dipendenti.

Inoltre, lo affiancammo nella selezione per l'inserimento in azienda di nuove figure professionali, a supporto della nuova configurazione, e lo aiutammo anche a effettuare l'inserimento di nuovi strumenti informatici adatti a migliorare i processi di ufficio.

È stato interessante e stimolante questo tratto di strada percorsa con lui, tanto che mi sarei fermato oltretempo, ma il rapporto, dopo un paio di anni di collaborazione, si è interrotto: sono riuscito a ripartire dall'Isola dei Feaci, ma il legame di stima e gratitudine reciproche è rimasto.

A oggi l'azienda è in pieno sviluppo e il fatturato è cresciuto di oltre il 30%, possiamo quindi dire che l'operazione sia riuscita alla grande. Sono consapevole di aver tracciato benissimo la strada da seguire, con il risultato che l'azienda e l'imprenditore hanno ripreso a camminare con le proprie gambe.

E questo, ti garantisco, è l'obiettivo principale di ogni mentore: è l'isola di Itaca di ogni Business Coach!

CAPITOLO 14

"La prova finale: L'isola di Itaca – L'importanza dell'ordine"

"Sii costante e ben ordinato nella tua vita così che tu possa essere fiero e originale nel lavoro"
- Gustave Flaubert -

Ce l'abbiamo fatta!

La meta è raggiunta e ci troviamo al cospetto della prova finale.

Per Ulisse è finalmente arrivato il momento di mettere ordine nella sua vita. Con l'aiuto del figlio Telemaco, riesce a liberare la patria dai Proci che, durante la sua assenza, avevano invaso. Ritrova, dunque, l'amore della moglie Penelope, che l'ha atteso fedele in tutti quegli anni e riesce a riportare il padre Laerte alla reggia. Infine, grazie a Pallade Atena, sigilla un patto di pace con il suo popolo, all'interno del quale si celava qualche traditore.

È una fase molto importante, questa, è l'ultima prova che precede la ricompensa, andiamo quindi a vedere più nel dettaglio cosa accade.

"Come in una pianura quattro cavalli,
spinti dai colpi di frusta,
tutti insieme balzano in alto e compiono in fretta il loro cammino,
così balzava in alto la poppa della nave,

e dietro di lei si gonfiavano le grandi onde scure del mare risonante.
E quella correva avanti sicura:
neppure un falco, che è il più veloce degli uccelli,
avrebbe potuto raggiungerla".

Dopo dieci lunghi anni e dodici difficilissime prove, Ulisse, a bordo di una nave fornitagli dal re Alcìnoo, approda finalmente a Itaca e, ancora addormentato, viene deposto dai compagni Feaci sulla riva della sua amata terra. Al risveglio, sconvolto dal lungo viaggio e dalle tante avventure, non capisce neanche dove si trovi ma, nel momento in cui riconosce il posto, ricolmo di felicità bacia la terra. Ora, però, lo attende un'ultima sfida: dovrà infatti vedersela con i Proci, che durante la sua assenza hanno cercato di rubargli il trono e la moglie, e con tutte le persone che non gli sono rimaste fedeli.

> *"Disse Minerva, e della sua potente*
> *Verga l'eroe toccò.*
> *S'inaridisce la molle cute, e si rincrespa, rari*
> *spuntano, e bianchi su la testa i crini;*
>
> *Tutta d'un vecchio la persona ei prende*
> *rotto dagli anni, e stanco; e foschi, estinti*
> *son gli occhi, in che un divin foco brillava.*
>
> *Tunica trista, e mala cappa in dosso*
> *l'amica Dea cacciògli, ambo squarciate,*
> *discolorate, affumicate, e sozze:*
> *Sopra gli vestì ancor di ratto cervo*
> *un gran cuojo spelato, e nella destra*
>
> *pose bastone; ed una vil bisaccia,"*

Pallade Atena corre subito in suo soccorso, tramutandolo in mendicante, per non farlo riconoscere da nessuno e organizzargli un incontro con il figlio Telemaco. Ulisse di primo acchito non svela a quest'ultimo la sua identità, lo fa solo dopo aver compreso che l'amore nutrito dal figlio nei suoi confronti è rimasto immutato. E, dopo un lungo abbraccio, progettano insieme la vendetta contro i Proci.

Sempre camuffato da mendicante, Ulisse raggiunge la sua reggia. Qui va incontro al primo grande dolore: in tutti quegli anni, nessuno, infatti, si è preso cura del suo cane Argo, che vive malconcio in mezzo all'immondizia. Il cane non si lascia ingannare dal travestimento e riconosce al primo sguardo il caro padrone, andandogli festosamente incontro. Argo però, una volta raggiunto Ulisse, stremato dalla vita che ha condotto sino a quel momento, ma felice di aver raggiunto l'agognato sogno di rivederlo, si lascia andare e muore ai suoi piedi.

Possiamo dire che anche Argo, rivedendo Ulisse, ha raggiunto la sua Itaca, decidendo però d'intraprendere subito un altro viaggio, il più misterioso di tutti, quello nell'Aldilà.

Oltre al fedele compagno quadrupede, saranno in pochi, però, a riservargli un'accoglienza gentile, una di questi è la sua vecchia nutrice Euriclea, che lo riconosce all'istante, promettendogli di non rivelare a nessuno la sua vera identità.

È gentile e cortese con lui anche Penelope, sebbene non lo riconosca affatto. Motivo per cui, Ulisse decide di metterla alla prova e, anche qui, come già per il figlio, dalle sue parole l'eroe comprende che ella sia ancora innamorata di lui, scoprendo che ha un forte desiderio di rivederlo. La regina gli riferisce, inoltre, di aver intenzione di proporre ai Proci una gara per decidere chi la prenderà in sposa, sicura, ovviamente, che non verrà vinta da nessuno. Si tratta, infatti, di una gara con l'arco, la preferita del marito, che consiste nel far passare una freccia tra alcuni anelli, utilizzando esclusivamente l'arco di Ulisse, il solo in grado di maneggiarlo.

Arrivato il giorno della gara, infatti, come previsto da Penelope, nessuno riesce a tendere l'arco di Ulisse, nemmeno Telemaco.

L'eroe, sempre nei panni del mendicante, chiede di poter affrontare la prova. I Proci ridono di lui sprezzanti, ma Ulisse prende ugualmente l'arco, lo tende senza nessuna fatica e scaglia la freccia, centrando al primo colpo tutti gli anelli. I Proci, sgomenti, si allertano, Telemaco si mette al fianco del padre e la battaglia ha subito inizio. Ulisse scaglia la prima freccia su Antinoo, il capo del gruppo invasore, e in seguito su tutti i Proci, che vengono massacrati.

"E soggiungeva un altro di quei tracotanti signori:
"Cosí della Fortuna potesse raccogliere i doni,
com'egli ora potrà riuscire a tender quest'arco!"
Cosí diceano i Proci. Ma Ulisse frattanto, lo scaltro,
poi ch'ebbe punto a punto scrutato, provato il grande arco,

come allorquando un uomo di cetera esperto o di canto
agevolmente tende sul bischero nuovo una corda,
cosí l'arco suo grande Ulisse piegò senza sforzo.
Poi, con la destra prese la corda, ne fece la prova;
e quella un suono acuto mandò, che una rondine parve.

Grave l'ambascia fu dei Proci, sbiancarono in viso
tutti;"

Euriclea dopo aver ripulito la reggia dal sangue dei Proci, dà a Penelope la grande notizia del ritorno di Ulisse; la donna non riesce a crederci e stenta ancora a riconoscerlo. L'eroe, per farsi identificare, le racconta di come a suo tempo, aveva costruito il loro letto nuziale. È quella una storia che solamente il suo sposo può sapere. Sciogliendosi in lacrime, finalmente lo riconosce.

I due si abbracciano felicissimi di essersi ritrovati e, soprattutto, di aver ritrovato intatto il loro amore.

Il giorno dopo, Ulisse si reca dal vecchio padre Laerte per ricondurlo alla reggia. Tutto è quasi messo in ordine, ma le ostilità non sono ancora finite. Alcuni cittadini itacensi cercano di vendicare la morte dei Proci e Pallade Atena interviene nuovamente. Grazie a lei, viene sigillato un patto di pace tra Ulisse e il suo popolo. Finalmente dopo tanti anni, sull'isola di Itaca e nell'animo errabondo e inquieto di Ulisse, torna l'ordine, portando con sé calma e serenità.

● Le prove finali e l'inquietudine peregrina dell'imprenditore

Finalmente dopo tanto tempo torna la tranquillità nell'animo inquieto di Ulisse, anche se per lui il viaggio non è del tutto terminato; poco tempo dopo, infatti, riprenderà il mare per compiere il suo "folle volo", ma questo fa parte dell'illuminazione, della ricompensa, e ne parleremo più avanti.

Nel viaggio parallelo dell'eroe imprenditore cos'è Itaca?

Itaca è la prova finale, quella in cui bisogna mettere ordine all'interno della propria vita privata e aziendale, e nella quale avviene l'incontro con l'altra parte di sé, che porterà a fare ordine anche dentro al proprio animo.

Mettere ordine attorno a sé e dentro di sé, quindi, è una fase essenziale e determinante per la conclusione del viaggio. Il disordine ci anestetizza, non ci permette di restare in contatto con il nostro vero io e, di conseguenza, in armonia con la vita e con il nostro percorso. Blocca il nostro naturale istinto di percezione, ci paralizza a livello di sensazioni ed emozioni, distorce tutto ciò che è intorno a noi, impedendoci di capire dove siamo e a che punto del viaggio ci troviamo. In sostanza, ci allontana progressivamente da noi stessi e dalla realtà, negandoci la possibilità di affrontarla in maniera positiva e creativa.

Il disordine è il riflesso di una vita al momento caotica, squilibrata, che, anestetizzandoci, riduce il malessere che ne deriva. A questo punto dobbiamo trovare la forza di metterci a nudo, affrontando faccia a faccia il caos e gli squilibri tanto interni quanto esterni. Ricorda: questo processo di riordino deve partire sempre dall'interno, esattamente come accade per il cambiamento.

Mettere in ordine la propria vita è "l'arte dell'ascolto profondo", che ci consente di mettere nella giusta prospettiva bisogni, desideri, affetti e relazioni. Una volta fatta chiarezza e sistemato il nostro mondo interiore, dobbiamo proiettare questo disegno, questa intima mappa emotiva anche all'esterno, per rendere fisico e reale ciò che abbiamo tracciato.

Il viaggio di Ulisse, in questo senso, rappresenta l'esatta evoluzione che ogni leader è chiamato a compiere. L'eroe omerico, infatti, è l'unico a terminare il viaggio estremamente cambiato, anche e soprattutto, nella sua capacità di ascoltare, accogliere e discernere il peso delle parole.

Pensiamo alla sua crescita, che dalla mancanza di ascolto – per esempio, quando decide di combattere il mostro Scilla con le armi, contravvenendo all'indicazione della maga Circe di formulare una preghiera – arriva alla piena comprensione dell'importanza dello stesso, quando non cede alla tentazione di cibarsi delle mucche sacre a Zeus, come suggerito da Tiresia, cosa che, invece, faranno i suoi compagni, arrivando a pagare con la vita l'affronto al dio.

Tutto il viaggio è un continuo esercitare l'ascolto per Ulisse, un esercizio che lo trasforma interiormente e di cui si renderà conto solo alla corte del re Alcinoo, dove l'ascolto si fa personale: è l'eroe che si rilegge e riscopre alla luce del raccontarsi e, nel farlo, ascoltarsi per la prima volta. Se aggiungiamo, poi, che, in verità, l'intera Odissea è questo racconto dettagliato che l'itacense fa alla corte dei Feaci, il potere trasformante dell'ascolto di sé sembra raggiungere vette elevatissime.

Ulisse, quando rimette piede a Itaca, è la trasfigurazione del leader totalmente cambiato, non solo all'esterno, ma ancor di più nel suo intimo più profondo. Ed è pronto alla prova finale: riportare quel cambiamento nella sua patria, nella sua organizzazione. Comincia, quindi, un percorso parallelo a quello fino ad allora intrapreso, che possiamo paragonare all'iter di trasformazione aziendale del leader.

Tutto parte dal riconoscimento dell'autorevolezza del leader, il che si traduce non solo nell'accertarsi del know how professionale, ma nell'acquisizione della consapevolezza di apprendere da lui come vivere l'attività, come e se poter essere il collaboratore adatto a quella specifica realtà, plasmata a immagine e somiglianza del suo leader.

D'altronde, Ulisse, proprio come l'imprenditore, ha bisogno di capire a questo punto chi è con lui, chi è rimasto fedele al suo governo, chi continua ad apprezzarlo ed è pronto e ben disposto a compiere questo percorso insieme. A cominciare dalle persone a lui più vicine: Telemaco, Argo, Euriclea, che nella nostra analisi sono rapportabili alle figure manageriali con cui condividere la gestione dell'impresa, i responsabili più prossimi all'imprenditore.

Come procede Ulisse? Pone domande, ma soprattutto osserva e ascolta, valuta il peso delle parole, lasciandosi illuminare da quelle per comprendere la verità della fedeltà che trasmettono e, dunque, valutare chi inglobare nella sua missione in qualità di valido e sicuro "alleato".

Una volta terminata la fase valutativa, si dà inizio alla prima parte della missione: ripulire l'azienda dalle figure estranee, dagli invasori, dagli usurpatori, da coloro che se ne vogliono occupare senza alcuna conoscenza, né visione, né autorità.

Ulisse sconfigge i Proci, li "massacra", padrone in casa sua e con l'aiuto dei suoi fedelissimi. Come il leader solo può fare nell'organizzazione che ha creato e di cui conosce ogni più piccolo aspetto, insieme alla strategia concertata con i suoi solidi collaboratori, che prima di tutto, hanno sposato la filosofia e l'azione del leader stesso. Solo a questo punto si può passare al livello successivo: il nuovo patto con il popolo. I dipendenti, non meno importanti, anzi, necessari, a questo punto vengono messi di fronte a un piano coralmente studiato dall'organo apicale e alla possibilità di operare una scelta di adesione. Il governo, la missione non vengono imposti, ma proposti e, una volta accolti come propri, il vincolo alla loro attuazione diviene in primis personale. Questo crea collaboratori motivati, coinvolti e produttivi.

E Penelope? Non è un caso che ancora non l'abbia chiamata in causa. In questa mia rilettura del mito non posso relegare la regina a un ruolo subalterno, anzi a nessun ruolo umano, in verità.

Perché Penelope è oltre tutto questo. Non è un alleato, non è un collaboratore e men che meno un'appendice secondaria.

Penelope è lo Scopo! Lo scopo che aspetta la sua realizzazione.

L'immagine di Penelope che tesse la tela di giorno e la disfa di notte è la parafrasi dell'obiettivo aziendale che si pone in attesa di una visione chiara e funzionale alla sua piena attuazione.

Ma perché ciò avvenga, c'è bisogno che il leader, dopo un tempo di prova e cambiamento, rappresentato anche dal tradimento dell'obiettivo iniziale - pensiamo al ruolo distraente di Circe e Calipso, che in qualche modo possiamo considerare come altri obiettivi tentatori -, si relazioni in modo nuovo alla finalità della sua impresa. Ecco che l'incontro tra Ulisse e Penelope rappresenta proprio il rinnovato idillio tra l'imprenditore e il suo scopo, che diviene effettivo. È vero, nella strutturazione della missione aziendale, lo scopo deve essere presente e ben chiaro sin dalle primissime battute. Ma è solo nel corso del viaggio imprenditoriale che la vera modalità di raggiungimento diventerà chiara allo stesso fondatore.

● Il leader come "artista dell'Ascolto"

Ora, guarda alla tua situazione attuale: in qualità di uomo prima, e leader poi, ti trovi invischiato in una realtà multidimensionale tremendamente complessa, in cui è impossibile riuscire da solo a osservare l'intero sistema.

Ecco perché l'ascolto deve rappresentare per te una delle principali capacità da sviluppare e potenziare. Infatti, poiché da solo non potrai mai acquisire una conoscenza complessiva del contesto, saper ascoltare è una delle migliori armi a tua disposizione per riuscire a comprenderlo, dunque, a gestirlo in modo ottimale.

Conosco perfettamente l'approccio odierno del management, quello a cui probabilmente anche una parte di te si sente legata, incentrato prevalentemente sull'apprezzamento e sulla ricerca delle abilità di execution, che pure sono fondamentali al ruolo poliedrico rivestito, ma c'è bisogno in primis di ricordare che tutto parte a monte: dall'ascolto!

Perché – ti chiederai – parlare di ascolto solo alla fine del percorso, se, come sappiamo tutti, rappresenta la base per una corretta impostazione organizzativa di base?

Vedi, il viaggio che stai portando a compimento prende proprio i capisaldi della tua gestione organizzativa, li mette in crisi e ti permette di riscoprirli ripuliti da ogni forma di precomprensione errata.

Diciamoci la verità, tutti i leader valutano la propria capacità di ascolto in maniera molto simile all'auto-percezione circa l'abilità di gestione. E la maggior parte si reputa al di sopra della media in entrambi i casi. Ma da Business Coach posso garantire quanto questa visione edulcorata sia ben lontana dalla verità. Infatti, nella mia lunga esperienza, in cui mi son trovato davanti alle situazioni lavorative più disparate, ho assistito, e assisto tuttora ogni giorno, a innumerevoli incidenti relazionali, decisionali ed emotivi, causati proprio dalla scarsa capacità di ascolto ... soprattutto tra i leader!

A tal riguardo, tra i numerosi approcci al management che ho approfondito nel corso degli anni, uno credo che in questo passaggio possa venirci in aiuto in maniera estremamente illuminante.

Parlo della Learn Organization, o "organizzazione intelligente", sviluppata da Peter Senge, docente e teorizzatore presso il Massachusetts Institute of Technology, la cui missione si prefigge di facilitare la comunicazione di idee tra le grandi aziende, attraverso l'esperienza e l'azione dei suoi membri.

L'apporto di Senge si sviluppa nella teorizzazione secondo cui sono in grado di apprendere solo quelle aziende che hanno acquisito il legame effettivo tra apprendimento, miglioramento e cambiamento, e in cui le persone coinvolte cercano continuamente di aumentare le loro capacità per raggiungere i risultati prestabiliti. Per questo, elabora un percorso di crescita distribuito in cinque tappe (o discipline), di cui a noi in questa sede interessa soprattutto la quinta, che è relativa al pensiero sistemico, inteso come l'insieme delle modalità di pensiero e di linguaggio, capaci di cogliere e descrivere il comportamento dei sistemi complessi in termini di forze e relazioni. In tal modo risulta più semplice ed efficace realizzare le trasformazioni interne dei sistemi stessi.

Per acquisire un corretto e fruttuoso pensiero sistemico, uno dei punti fondamentali è l'esercizio dell'arte dell'ascolto, che l'autore ci suggerisce di attuare sulla scorta di nove suggerimenti:

1. Smetti di parlare: perché se parli non puoi ascoltare;
2. Immagina il punto di vista dell'altro;
3. Guarda, agisci e sii interessato;
4. Dai attenzione anche al linguaggio non verbale;
5. Non interrompere;
6. Ascolta tra le righe: capisci anche i significati impliciti;
7. Mentre ascolti, parla solo in modo affermativo: evita di criticare subito;
8. Riformula quanto hai ascoltato;
9. Smetti di parlare: di nuovo, perché tutto parte da lì.

Suggerimenti assolutamente efficaci, ma che nel mio percorso ho voluto approfondire e sviluppare ulteriormente, arrivando a formulare quattro punti di riflessione, sui quali faccio solitamente lavorare i miei leader, e che aiutano nel perseguimento di un'ottimale capacità di ascolto inter-personale.

► L'arte dell'ascolto è molto più che stare in silenzio mentre qualcuno parla, ma si basa sul dialogo ed è inevitabilmente interattiva. Il buon ascoltatore, infatti, è anche colui che costantemente pone domande che promuovano l'intuizione e la scoperta, in quanto sfidano con gentilezza l'introspezione personale e la riflessione, fino alla costruttiva messa in discussione di ancoraggi mentali atavici per produrne di nuovi e brillanti.

▸ L'arte dell'ascolto promuove e mantiene l'autostima della persona. Il buon ascoltatore è in grado di rendere il dialogo un'esperienza positiva per l'interlocutore, facendolo sentire supportato, degno di stima e fiducia, inserito in un ambiente in cui le divergenti posizioni possano incontrarsi serenamente e in modo accogliente. Questo non avviene se uno dei due ascoltasse passivamente.

▸ L'arte dell'ascolto è un dialogo cooperativo. Le due parti in relazione sono aperte e accoglienti all'intervento dell'altra, senza innalzare alcuna barriera difensiva. Chi presenta una buona capacità di ascolto mette in discussione ipotesi o manifesta il suo dissenso senza che l'interlocutore lo percepisca come un affronto, anzi quest'ultimo riesce a comprendere che chi sta ascoltando lo fa pienamente e con ottime intenzioni di aiutarlo a migliorare. Al contrario, chi ha una scarsa propensione all'ascolto è percepito come subdolo, competitivo, sempre pronto a evidenziare l'errore altrui: usa il silenzio non per ascoltare, in realtà, ma per prepararsi all'attacco.

▸ L'arte dell'ascolto è capacità di dare buoni suggerimenti. Chi sa ben ascoltare riesce anche a fornire i giusti feedback in grado di aprire percorsi alternativi, che l'interlocutore possa prendere in considerazione per la sua crescita. In questo senso il ruolo del leader si esprime anche nel suggerire la via per trovare soluzioni: senza invadere il campo con la sua "ricetta", lascia che siano gli altri a trovarla, ma con l'ascolto e il consiglio sovrintende pienamente la gestione del caso.

Dunque, l'arte dell'ascolto rende il leader, non tanto come una spugna delle parole altrui, quanto piuttosto un trampolino da cui far rimbalzare idee, sentimenti, contenuti, energie, pensieri costruttivi (e sistemici). In questo modo, non solo accoglie la verità dell'altro, ma la sostiene, la allena affinché acquisisca nuova forza ed esperienza, la lancia verso il raggiungimento di livelli più alti, proprio come un trampolino, appunto.

Questo è l'esempio più efficace di Learn Organization: il leader trasmette, tramanda, oserei dire, quasi fosse un atteggiamento "sacralizzante," la cultura aziendale, insegnando anche agli altri come mantenerla, perché ogni membro del sistema è il sistema e contribuisce attivamente alla costruzione e alla perpetuazione della stessa.

● L'ascolto del Leader parte dall'interno di sé verso l'Oltre

Ma il viaggio non ci ha insegnato solo questo, dicevo!

Il vero leader, infatti, proprio come Ulisse, è anche e soprattutto colui che ha imparato ad ascoltare sé stesso. Ha fatto il suo viaggio interiore fino alle colonne d'Ercole della sua verità profonda, e lì ha preso coscienza di una forza interiore consapevole, radicata, potenziata, che lo rende un leader molto più efficace, vincente in un sistema di vincenti! E questo vale anche per te: così come sei chiamato ad allenare ogni giorno l'ascolto del prossimo, non dimenticare che, per crescere, hai bisogno di essere presente e consapevole soprattutto verso te stesso!

Dunque, nella pratica, da dove cominciare?

Bisogna sempre partire dalla propria casa, dalla propria famiglia, dagli affetti più intimi, per poi spostarsi oltre. Anche la vita - come ogni cosa, nel corso degli anni - tra le sue strade tortuose e le sue innumerevoli sfide, si frantuma e i vari pezzi si mischiano tra loro: alcuni restano, altri si perdono. Bisogna solo fermarsi e ricomporre il puzzle, andando prima alla ricerca dei pezzi mancanti.

Una volta raggiunto l'ordine, saremo finalmente pronti a goderci a pieno la ricompensa, e quindi a ripartire. La vita è un viaggio perenne verso l'alto, una scalata verso l'infinito.

E, come l'esempio di Ulisse, anche l'eroe/imprenditore deve essere pronto a riprendere il mare. Chi possiede la sacra scintilla, infatti, cercherà sempre di proseguire e di andare oltre: il viaggio per migliorare non ha mai fine, bisogna essere sempre pronti a compiere il "folle volo".

In questa "prova dell'ordine", la casa, poi, ha un ruolo primario: dopo aver effettuato un percorso interiore, è proprio da lì che bisogna partire per risistemare le cose, perché essa rappresenta lo spazio personale, interno, che racchiude gli affetti primordiali, i più importanti. Quando si torna a casa fa sempre un certo effetto, soprattutto dopo un'avventura durata anni e che ci ha trasformati radicalmente.

Cosa significa, allora, ritornare a casa?

Per rispondere a questa domanda devo aprire la porta sul mio mondo personale. Infatti, per me questa domanda assume un significato molto particolare, perché proprio in questo periodo sto ristrutturando quella che era la casa dei miei genitori, dove a breve ho intenzione di ritornare.

Fatalmente, dunque, per me significa chiudere un cerchio e tornare alle origini con una consapevolezza diversa, significa fare i conti con la mia famiglia, ritrovare me stesso, quel bambino che aveva voglia di fare tante cose e che ha percorso un bel po' di strada, maturando innumerevoli esperienze, che gli hanno dato quella consapevolezza che solo una vita vissuta in profondità può far raggiungere.

Tornare a casa significa mescolare la saggezza e l'esperienza acquisite con l'energia, la gioia e la spensieratezza della giovinezza, per farne un mix veramente potente.

Significa ritrovare la propria famiglia di origine, i propri antenati e riconoscersi in loro e nella loro storia per farne qualcosa di grande, acquistando il loro rispetto e facendo propria la loro dignità.

Onorare il proprio passato, il passato dei propri avi e della propria famiglia diventa un'ulteriore prova finale per ritrovare sé stessi e giungere al traguardo.

Credo fermamente che non ci possa essere realizzazione personale e professionale, se non siamo in pace con la nostra famiglia, con il nostro sangue. E questa pace sopraggiunge solo nel momento in cui la nostra consapevolezza riesca a pronunciare solennemente la propria affermazione d'identità: "Questo io voglio, questo io sono e sono pronto a viverlo!".

Così per un imprenditore il concetto di casa si fa più grande, inglobando un'altra famiglia, oltre a quella di origine: l'azienda!

Come imprenditore o professionista cosa rappresenta il ritorno a casa? Quale sarebbe la ricompensa dopo la prova finale?

Dopo un lungo percorso di realizzazione personale, che ti ha condotto alla meta, attraverso una serie di tappe e di sfide, e dopo aver superato la prova finale, in cui hai messo ordine al tuo interno e nella tua vita personale e professionale, la ricompensa è capire che c'è qualcosa di più grande oltre la meta stessa, oltre al fatturato, al profitto, all'efficienza e al benessere materiale.

Il ruolo di un imprenditore, quindi, va ben al di là di portare al successo un'impresa: è un ruolo sociale di comunità.

Durante la mia partecipazione a un evento in Confindustria a Venezia, mi sono rimaste impresse le parole del Patriarca, Francesco Moraglia: "Quando una persona è realizzata? Quando opera per il bene comune".

Il concetto di famiglia in questo caso si espande, si fa più ampio e assorbe l'intera comunità, in cui l'imprenditore o il professionista è inserito.

Sotto questo profilo, voglio far riferimento anche a uno dei più grandi imprenditori mai esistiti finora, Adriano Olivetti, che di sicuro non avrà bisogno di presentazioni. In particolare, la sua idea di azienda era davvero grandiosa e, già nella prima metà del secolo scorso, andava al di là dell'immagine di un organismo fine a sé stesso. Secondo l'illuminato eporediese consisteva in un'organizzazione più ampia, che comprendesse gli azionisti, i lavoratori, gli enti pubblici, le università, le famiglie, uomini di cultura, artisti, filosofi, agricoltori, tutti insieme per dare vita a una comunità che mettesse tutti sullo stesso piano, con l'unico scopo di portare benessere sociale sul territorio.

Pensiamo pure a quello che, a mio giudizio, rappresenta uno dei concetti più alti di "fabbrica" da lui elaborato e che collocava in un contesto di benessere sociale sempre comunitario:

"La fabbrica non può guardare solo all'indice dei profitti. Deve distribuire ricchezza, cultura, servizi, democrazia. Io penso la fabbrica per l'uomo, non l'uomo per la fabbrica, giusto? Occorre superare le divisioni fra capitale e lavoro, industria e agricoltura, produzione e cultura. A volte, quando lavoro fino a tardi vedo le luci degli operai che fanno il doppio turno, degli impiegati, degli ingegneri, e mi viene voglia di andare a porgere un saluto pieno di riconoscenza".

Questo pensiero illuminato racchiude concretamente l'ambita ricompensa dell'imprenditore-eroe, che ha valorosamente vinto e superato la sua prova finale!

Prova finale che, come abbiamo visto, chiude un cerchio per aprirne subito un altro. Così, in una spirale interminabile di conclusioni e nuovi inizi la leadership, saggiata, si fortifica, si allena per prove sempre più ardue. Gli obiettivi si ingrandiscono, si riproducono, salgono di livello, così come le difficoltà da superare: complimenti, il "folle volo" è iniziato!

CAPITOLO 15

"Compagni di viaggio: il folle volo di cinque eroi-imprenditori"

"Solo chi non ha lasciato buoni esempi
muore per sempre"
- Salvatore Cutrupi –

Perché l'epica? Te lo sei domandato?

Perché ricorrere a un mito per parafrasare il tuo percorso imprenditoriale? Potrebbe sembrare una similitudine forzata, in fin dei conti Omero o, comunque, il popolo dell'Antica Grecia non pensava di certo alla figura dell'imprenditore, quando ha prodotto l'Odissea.

Vedi, in realtà, l'epica è molto più vicina al tuo ideale professionale di quanto immagini. Essa, infatti, è una narrazione delle imprese di uomini straordinari, chiamati "eroi", che in diverse situazioni, dalla meno ardua alla più difficile, devono dare prova delle qualità a loro attribuite, e che rappresentano il modello di "uomo" della società a cui il racconto è destinato. Ciascuno ha un destino da compiere, delle prove da superare, insomma, un viaggio da intraprendere, lungo il quale la vera scoperta è principalmente sé stesso, la profondità del proprio essere, la forza dei suoi valori e la solidità dei suoi obiettivi. L'eroe in azione è la metafora dell'uomo che combatte prima di tutto con i suoi demoni, con i limiti imposti dall'esterno e, a volte, autoimposti, con i mostri delle sue paure. In questo percorso l'eroe muore e rinasce, più volte cade e si rialza, fallisce e vince. Come per l'eroe, il cammino del leader è pieno di insidie e bocconi amari da mandare giù, ma in esso conosce la verità su di sé e sull'ambiente in cui è inserito e con cui interagisce.

In questo senso il racconto epico non è mai morto, in ogni epoca gli eroi si sono avvicendati, cambiando vestiti, ideali, motivazioni, obiettivi, ma erano sempre lì, pronti a guidare con i loro esempi illuminati gli uomini del proprio tempo. Così anche noi, oggi, continuiamo ad avere i nostri eroi, le cui gesta ci raccontano di imprese incredibili e tortuose, comunicandoci la possibilità di emergere da situazioni statiche e stagnanti, di lasciare un segno nel mondo semplicemente accettando di vivere in grande la propria vita, non sottomettendosi alla regola del limite, ma creando da sé le norme per un'esistenza completa e significativa.

Sono uomini e donne che con il loro esempio ci dimostrano che la storia si fa solo osando, che il senso di una vita piena e appagante è sfidare la paura di perdere per vincere tutto e ricevere la propria ricompensa, che si traduce in felicità.

In questa conclusione, la grandezza del viaggio che hai appena compiuto si unisce a quella del percorso di imprenditori illuminati dalla "sacra scintilla", che hanno avuto il coraggio di rompere gli schemi, di abbandonarsi a una chiamata più alta, compiendo il loro folle volo.

Già solo nel panorama nazionale, di esempi imprenditoriali grandiosi ne abbiamo davvero molti, tanto che fare una cernita non è stato semplice, ma alla fine ne ho voluti selezionare cinque, tra quelli che più di altri, a mio avviso, hanno saputo affrontare e superare ostilità e battaglie impensabili, in un momento storico in cui il nostro paese e la sua economia si trovavano in macerie a causa delle guerre mondiali.

Enzo Ferrari, Ferruccio Lamborghini, Enrico Mattei, Adriano Olivetti e Enrico Piaggio.

Di certo, sono nomi la cui fama ha saputo valicare i confini italiani, per andarsi a prendere un posto di diritto nella classifica mondiale dei leader indiscussi più rappresentativi del XX secolo.

Come Ulisse, anche loro si sono battuti con coraggio, passando dalla terra dei Ciconi a quella dei Lotofagi, dalla prigionia di Polifemo all'isola di Eolo. Senza smettere mai di credere con fermezza in sé stessi e nelle proprie idee rivoluzionarie, hanno affrontato nemico dopo nemico, riuscendo a dare vita al loro progetto di cambiamento. Basti pensare a Enrico Mattei, che, disattendendo a un incarico ricevuto e trasgredendo a migliaia di ordinanze, è riuscito a rilanciare l'Agip e a creare l'Ente Nazionale Idrocarburi, dando il via al "miracolo economico" italiano.

E anche se ciascuno di questi eroi rivoluzionari, nella terra dei Lestrigoni, ha conosciuto la sconfitta, nessuno dei cinque ha permesso che quella li annientasse, permettendole, piuttosto, di renderli più forti e consapevoli dell'obiettivo da raggiungere. Esempio lampante è Enrico Piaggio, che durante la seconda guerra mondiale ha assistito al progressivo fallimento della sua impresa aeronautica, la quale, oltre a ricevere poche ordinazioni statali, subì numerose devastazioni e sottrazioni di materiale. Nel 1943 venne anche gravemente ferito e, in fin di vita, venne trasportato in ospedale e salvato per miracolo. Un periodo nero, insomma, che non lo scoraggiò affatto: da esso, infatti, riuscì a trarre la forza per proseguire e andare oltre, trovando nuove idee. Nel dopoguerra, mentre il fratello cercava di riprendere l'impresa familiare, Enrico avviò negli stessi stabilimenti aeronautici un nuovo progetto imprenditoriale, completamente innovativo e fuori da ogni rigore di logica, che immortalerà il suo nome nella storia.

Ma questi imprenditori italiani, caratterizzati dalla sacra luce e da una grande fermezza, nel loro viaggio hanno conosciuto anche la tentazione di Circe, nemica-amica che, dopo averli trattenuti per un discreto periodo in una sosta connotata da una parvenza di benessere, ha donato loro l'ispirazione, la forza e i mezzi per proseguire e progettare qualcosa di rivoluzionario.

Per Ferruccio Lamborghini, ad esempio, la Terra di Circe è stata la Seconda Guerra Mondiale che, nonostante la terribile minaccia rappresentata, gli ha permesso di sviluppare le sue doti meccaniche, lavorando come tecnico riparatore presso il 50° autoreparto misto, presso la base militare di Rodi. Nel dopoguerra, Circe lo lasciò andare e, grazie alle doti acquisite durante la permanenza, volendo rispondere alla domanda sempre più alta di trattori nel settore agricolo italiano, comprò i veicoli militari avanzati dalla guerra, trasformandoli in macchine agricole. Fu così che nel 1951 fondò la Trattori Lamborghini, l'inizio della sua ascesa al successo.

E ancora via, verso l'Averno, il Golfo di Salerno e Scilla e Cariddi, dove, dopo una discesa profonda, questi imprenditori eroi sono risorti con una nuova tempra e ancora più determinazione, le stesse che nell'Isola del Sole gli hanno permesso di abbandonare le zavorre per poter finalmente spiccare il volo.

In merito vorrei ricordare Enzo Ferrari, che dopo vent'anni di sodalizio con l'Alfa Romeo, per diversità di vedute, decise di lasciarla andare e proseguire per la sua strada. Da quel momento il suo obiettivo principale fu proprio quello di battere la concorrente con una vettura da lui stesso costruita, sogno che divenne realtà il 15 luglio del 1951, quando una nascente e favolosa Ferrari ebbe la sua prima vittoria in Formula Uno, sbaragliando proprio l'Alfa Romeo. La mitica Ferrari con il suo cavallino rampante, non sarebbe mai esistita se quell'illuminato signore non avesse avuto il coraggio di aumentare il rischio lungo il suo cammino, proseguendo da solo.

Ed è proprio un tale coraggio, una simile determinazione, che ha permesso a questi grandi uomini di affrontare le ultime sfide e le ultime tentazioni, passando dall'isola di Ogigia a quella dei Feaci, per poi approdare finalmente alla loro Itaca.

Quando Adriano Olivetti, dopo numerose sfide, un lungo periodo di permanenza in America e un rifugio in Svizzera durante la guerra, fece ritorno a casa, nella fabbrica di famiglia, riprese le redini dell'azienda, già in passato portata da lui all'eccellenza, rimise le cose in ordine e portò la Olivetti a essere la prima azienda mondiale nel settore dei prodotti per ufficio... poi andò oltre.

È proprio su quest'oltre che vorrei portare la tua attenzione.

Dopo aver vinto la prova finale, ecco la ricompensa, che non è la stabilità permanente, bensì l'illuminazione verso qualcosa di ancora più grande!

Ciascuno di questi cinque grandi eroi contemporanei ce l'ha fatta: è riuscito a varcare quel confine.

E ha innescato una rivoluzione!

● Adriano Olivetti (Ivrea 11 aprile 1901 – Aigle, 27 febbraio 1960)

Non solo un grande imprenditore, Adriano Olivetti è stato anche un ingegnere poliedrico e visionario, che ha cambiato le regole della produzione industriale, precorrendo i tempi e costruendo una fabbrica a misura d'uomo.

Dopo il suo esilio in Svizzera, nel secondo dopoguerra italiano è riuscito a creare un'esperienza di fabbrica unica al mondo, capace di creare equilibrio tra solidarietà sociale e profitto, dove la felicità collettiva produceva efficienza. Gli operai ricevevano salari molto più alti rispetto alle altre fabbriche e godevano di convenzioni. In più, rispettando la bellezza dell'ambiente, vicino alla fabbrica sorgevano abitazioni e asili. Grazie anche all'opera architettonica e urbanistica di Adriano Olivetti, la città d'Ivrea è diventata nel 2018 patrimonio dell'UNESCO, nominata "città industriale del XX secolo".

Tornando alla sua grande opera rivoluzionaria, anche la giornata lavorativa si svolgeva in maniera differente: durante la pausa gli operai avevano a disposizione la biblioteca, potevano ascoltare concerti o partecipare a dibattiti. L'azienda, infatti, sorprendentemente, accoglieva anche artisti, che, secondo il progetto imprenditoriale di Adriano, arricchivano il lavoro di creatività e sensibilità.

Egli, inoltre, credeva nell'idea di comunità, unica via da seguire per superare la divisione tra produzione e cultura. Favorì la costruzione di nuove fabbriche e sedi commerciali anche in Europa e nel resto del mondo, e il suo operato fu riconosciuto a livello internazionale.

L'attività di Adriano Olivetti è un esempio di politica industriale, che ha anticipato quelli che oggi sono divenuti i criteri e gli obiettivi di sviluppo sostenibile dell'Agenda 2030 delle Nazioni Unite, collaborando a incoraggiare un'occupazione piena e produttiva e un lavoro dignitoso per tutti, a promuovere l'innovazione e un'industrializzazione equa e responsabile, rendendo le città e gli insediamenti umani inclusivi, sicuri, duraturi e assicurando modelli sostenibili di produzione e di consumo.

Lui più di tutti è riuscito ad andare oltre: oltre il successo personale, oltre il profitto, oltre il concetto di azienda: valori elevati che, ampliandosi, hanno potuto abbracciare e rinnovare il concetto mondiale di comunità.

"Beh, ecco, se mi posso permettere, spesso il termine "utopia" è la maniera più comoda per liquidare quello che non si ha voglia, capacità o coraggio di fare. Un sogno sembra un sogno fino a quando non si comincia a lavorarci. E allora può diventare qualcosa di infinitamente più grande!".

● Enzo Ferrari (Modena, 18 febbraio 1898 – Modena, 14 agosto 1988)

La passione per le automobili e le corse è stata compagna di Enzo sin da bambino, portandolo in età adulta a lavorare come collaudatore e come pilota, anche presso l'Alfa Romeo, dopo un deludente rifiuto da parte della Fiat.

Nel 1929 fondò a Modena la "Scuderia Ferrari", una società sportiva che aveva come scopo quello di far "correre" i propri soci e che, ben presto, divenne una filiale dell'Alfa Romeo, azienda per la quale, come ho già accennato sopra, aveva lavorato. Un sodalizio che durò vent'anni e che si sciolse per differenti vedute. Ma da quella rottura Enzo Ferrari decollò e, dopo la seconda guerra mondiale, ricreò a Maranello la "Scuderia Ferrari", con tanto di casa automobilistica, contraddistinta da un cavallino rampante e dal colore rosso. E nel 1951, con la prima vittoria in Formula Uno, iniziò l'ascesa della Ferrari e il declino dell'Alfa Romeo.

Nella sua vita è stato insignito di numerosi titoli, ma quello di cui andava più fiero era proprio il titolo di "ingegnere meccanico" conferitogli a honorem dall'università di Bologna.

Molto forte e positivo è stato anche il suo rapporto con l'ambiente sociale modenese.

All'interno della sua fabbrica, infatti, si caratterizzò per una notevole apertura nelle relazioni sindacali, concedendo il "premio di produzione collettivo", riconoscendo i diritti della commissione interna ed evitando discriminazioni politiche. Ancora, aiutò concretamente, di sua iniziativa e con un prestito senza interessi, la nascita della Cooperativa Fonditori, realtà sindacale che salvaguardava l'occupazione degli operai licenziati dalla fonderia Valdevit.

Riuscì anche a trasformare in un vero e proprio Istituto Tecnico la scuola che aveva creato da un vecchio stabile negli anni '50, dove venivano impartiti insegnamenti di meccanica per la produzione automobilistica.

Ferrari è stato un grande imprenditore e un grande uomo, che indubbiamente con il suo operato è stato capace di andare al di là di ogni cosa. È riuscito a realizzare il suo sogno, progettando e concretizzando un'idea che ha fatto la storia del settore automobilistico, facendo sì che il colore rosso diventasse leggenda di caratura mondiale.

"Sono i sogni a far vivere l'uomo. Il destino è in buona parte nelle nostre mani, sempre che sappiamo chiaramente quel che vogliamo e siamo decisi a ottenerlo".

● Ferruccio Lamborghini (Renazzo, 28 aprile 1916 – Perugia, 20 febbraio 1993)

Grande appassionato di macchine e motori, Ferruccio Lamborghini, durante la seconda guerra mondiale, mise alla prova le sue doti meccaniche come tecnico riparatore.

Nel dopoguerra, cresciuta la richiesta di trattori nel campo agricolo, sempre animato dalla sua forte passione, pensò di comprare i veicoli militari avanzati dalla guerra e di trasformarli in macchine agricole. Nel 1950 arrivò a produrre duecento pezzi all'anno, permettendo alla sua azienda di dare lavoro a una trentina di operai. L'anno successivo, dunque, dovette trasferire tutti in un edificio più grande, dando vita a un vero e proprio stabilimento di produzione: La Trattori Lamborghini.

I dipendenti aumentarono proporzionalmente alla produzione e il nome di Ferruccio Lamborghini diventò famoso in tutto il mondo.

Ma non si fermò.

Nel 1959 fece un viaggio negli Stati Uniti, durante il quale visitò alcune fabbriche che producevano bruciatori per caldaie e, pensando alla realtà italiana in forte espansione e con un enorme incremento edilizio, intuì che i bruciatori avrebbero in breve soppiantato le caldaie a carbone. Decise, pertanto, di lanciarsi in questa nuova avventura.

Tornato in Italia, assunse i tecnici migliori e, nel giro di un anno, venne costituita la Lamborghini Bruciatori Condizionatori, che conquistò rapidamente il mercato, in ragione delle alte qualità tecniche a fronte di prezzi molto competitivi.

Ma le nuove sfide non terminarono qui!

Il suo genio creativo non poteva e non voleva arrestarsi, e ancora una volta andò oltre!

Nel 1959 progettò la produzione di elicotteri, anche se, di fatto, non venne mai avviata; è negli anni '60, in conseguenza alla sua grande passione per i motori, che decise di dedicarsi al settore automobilistico, fondando la Lamborghini Auto, a cui collegò il simbolo del toro, combattivo e caparbio come il suo segno zodiacale. E anche questa volta la sua impresa andò a segno. In poco tempo la Lamborghini Auto diventò una delle prime industrie italiane produttrici di granturismo.

E nel 1966 presentò una macchina destinata a entrare nella storia, la Miura.

In tutto il mondo quel nome divenne sinonimo di classe ed eleganza e fu considerata una vera e propria opera d'arte, al punto che una meravigliosa Lamborghini Miura del 1968 venne esposta come opera d'arte al Museo "The Wolfsonian-FIU", nel Distretto di Art Dèco di Miami .

Agli inizi degli anni '70 anche le sue aziende vennero travolte dalla crisi economica, soprattutto la Trattori Lamborghini, ma Ferruccio non si arrese e, ancora una volta, andò oltre, anche se in quell'occasione significò affrontare la discesa nella valle oscura del fallimento.

Tra il 1972 e il 1973, improvvisamente, senza alcun preavviso, cedette tutte le quote delle sue aziende e si ritirò nel suo vigneto in Umbria, dedicandosi alla produzione di vino. Ambito in cui pure non tardò a distinguersi. Famosa, infatti, è la produzione del vino rosso Colli del Trasimeno, conosciuto da tutti come il "Sangue di Miura".

Negli anni '90, e fino alla sua morte, tornò a occuparsi delle macchine, sua costante e imperitura passione, senza però abbandonare i suoi vigneti.

Ferruccio Lamborghini è stato un imprenditore poliedrico, che ha messo le sue doti intuitive al servizio di diversi rami industriali, e che a ogni successo raggiunto è riuscito ad andare oltre, ripartendo ogni volta per un nuovo ed emozionante viaggio.

"La mia azienda è basata sull'eccellenza e sull'ambizione di creare il meglio".

● Enrico Piaggio (Pegli, 22 febbraio 1905 - Montopoli in Val d'Arno, 16 ottobre 1965)

Enrico Piaggio ereditò, con il fratello Armando, la Piaggio & C., alla morte del padre Rinaldo nel 1938. L'azienda alla fine degli anni venti possedeva quattro stabilimenti, due in Liguria, di cui si occupava Armando, dedicati alla produzione navale e ferroviaria, e due in Toscana, di cui si occupava Enrico, legate all'industria aeronautica.

Dal 1937 al 1939, grazie a Enrico, l'industria aeronautica raggiunse l'apice del successo, ma durante la seconda guerra mondiale subì numerose devastazioni e sottrazioni di materiale.

Inoltre nel 1943, Enrico venne gravemente ferito nella hall dell'Hotel Excelsior di Firenze da un ufficiale della neocostituita Repubblica Sociale Italiana, perché non si era alzato durante il discorso alla radio del generale Rodolfo

Graziani contro gli alleati, e salvato solo grazie all'asportazione di un rene. Terminata la guerra e le sue tragiche conseguenze, mentre il fratello cercava di riprendere gli impianti di famiglia, Enrico ebbe una visione, per cui avviò negli stessi stabilimenti toscani un nuovo progetto imprenditoriale, incentrato sulla produzione di un mezzo di trasporto a due ruote, semplice e adatto alla guida di tutti, che sfocerà nella nascita di uno dei maggiori simboli italiani nel mondo... la Vespa!

Inizialmente, a causa del suo elevato costo, nessuno la comprò, riversando la Piaggio in un importante momento di crisi. Ma anche nel fallimento, Enrico non si scoraggiò ed ebbe un'idea brillante: il pagamento a rate! Fu così che la Vespa decollò, raggiungendo una diffusione esponenziale e dando il primo impulso alla motorizzazione di massa in Italia. Nel 1950, dunque, venne avviata la produzione dello scooter anche in Inghilterra, in Germania, in Spagna e in Francia, e già nel 1953 la rete commerciale della Piaggio era presente in 114 Paesi di tutto il mondo, con oltre 10.000 punti vendita.

Nonostante i tragici eventi vissuti, questo coraggioso imprenditore, insignito nel 1951 della laurea "honoris causa" in Ingegneria dall'Università di Pisa, è riuscito a dar vita a una sua folle visione, destinata nel tempo a diventare un'icona del boom economico italiano.

Questo scooter ha accompagnato, in strada e in televisione, intere generazioni, diventando un vero e proprio simbolo di libertà ed emancipazione, un vero e proprio cult internazionale.

Enrico Mattei (Acqualagna 29 aprile 1906 – Bascape' 27 ottobre 1962)

Enrico Mattei è stato un gigante della storia della nostra economia, un protagonista indiscusso del miracolo economico italiano.

Annoverato nell'alveo dei cosiddetti "capitani coraggiosi", quei condottieri d'industria che nel periodo drammatico per il nostro Paese, durante e tra le due guerre mondiali, hanno saputo con coraggio investire e creare incredibili realtà in diversi settori dell'economia.

Mattei, che fu anche un importante capo partigiano, nel 1945 venne incaricato di fare il commissario liquidatore dell'Agip, cedendo tutte le quote ai privati. Analizzando le carte, però, si rese conto del grande potenziale dell'azienda, considerando il fatto che in un periodo di ripresa era fondamentale investire sulle risorse energetiche. Disattese, pertanto, l'incarico del Governo e fece di tutto per rilanciare l'azienda di stato, trasgredendo anche a migliaia di ordinanze.

Fu così che nel 1953 fondò l'Ente Nazionale Idrocarburi, l'Eni, di cui l'Agip divenne la struttura portante, iniziando una battaglia senza precedenti con le sette sorelle, le sette compagnie petrolifere internazionali. Dialogò con l'Unione Sovietica e i Paesi Arabi e applicò prezzi sempre più concorrenziali. Praticò una strategia di rinnovamento delle politiche energetiche e creò una modernissima rete di distribuzione della benzina, i cui prezzi erano i più bassi d'Europa.

L'Eni, in breve tempo, divenne la struttura portante dello sviluppo economico italiano e a Enrico Mattei andò il merito di aver cambiato l'Italia del dopoguerra.

Con la sua determinazione e il suo senso imprenditoriale unico e moderno, è stato in grado di andare oltre il suo oltre, di varcare così tanto i confini, al punto di diventare "l'uomo del miracolo economico italiano".

"L'ingegno è vedere possibilità dove gli altri non ne vedono".

Conclusione

Queste sono solo alcune delle principali figure imprenditoriali italiane, esemplificative di chi è andato al di là del consentito, di chi nella vita è stato sempre in viaggio, di anime scelte per mostrarci che il "folle volo" può essere compiuto, che è nelle corde degli uomini coraggiosi e determinati di ogni tempo.

Cinque imprenditori italiani che hanno affrontato ogni giorno le tue stesse paure, scommettendo su sé stessi e riuscendo a lasciare un segno indelebile nella storia. Segno che non si è limitato a promuovere la loro figura o le imprese da essi condotte, ma che è stato impresso con una tale forza da traboccare e valicare il confine del personale, per riversarsi nella comunità umana a livello globale. Sono queste le figure che, come il nostro intramontabile Ulisse, devono essere le tue amiche fidate di cammino e che, anzi, debbano fungere quotidianamente da incentivo permanente, da trampolini di lancio per input di follia e innovazione, aiutandoti a scoprire e assaporare il gusto del procedere verso l'Oltre della tua leadership.

Cinque imprenditori, cinque uomini coraggiosi, cinque menti illuminate, cinque eroi...

Cinque. Non è un caso che ne abbia selezionati cinque. Perché il Cinque è un numero importante nella numerologia. È il simbolo dell'Uomo Universale, dell'unione, della luce e del cuore. È il numero dell' "uomo vitruviano", la celebre rappresentazione delle ideali proporzioni del corpo umano, armoniosamente inscritto nelle due figure geometriche "perfette": il cerchio, che simboleggia il cielo, la perfezione divina, e il quadrato, che simboleggia la Terra. Immagine frutto di studi precisi. Il cerchio infatti rappresenta il cosmo, il divino: nell'antichità si riteneva che fosse simbolo di perfezione. In contrapposizione al quadrato, simbolo del mondo terreno. L'uomo universale, dunque, è la sintesi perfetta, l'unione incontrovertibile tra microcosmo e macrocosmo, lo "specchio dell'universo". Pertanto, l'uomo in grado di unire le due nature, terrena a divina, presenti in sé, diviene il riflesso di un ordine superiore, contenitore degli elementi che compongono il mondo intero, "misura di tutte le cose".

Non a caso le caratteristiche che contraddistinguono il numero cinque sono l'azione, la volontà, la determinazione, la libertà e lo spirito imprenditoriale, cinque caratteristiche che possiamo riscontrare nelle storie dei nostri imprenditori-eroi e che, sono sicuro, contraddistingueranno anche te.

Al termine di questo nostro viaggio insieme voglio lasciarti con un auspicio:

ti auguro di seguire sempre i tuoi sogni e le tue idee, di osservare ogni cosa con un pensiero creativo, di usare la gentilezza in ogni tua azione, di essere aperto al cambiamento, di restare determinato e sicuro di te, di avere la forza di liberarti delle zavorre e di mantenere sempre l'umiltà di chiedere aiuto.

Ti auguro d'intraprendere il tuo viaggio da protagonista, di essere l'eroe della tua impresa e, quando avrai raggiunto la tua Itaca... beh, ti auguro di avere il coraggio di fermarti, respirare, prendere la rincorsa e lanciarti nel tuo "folle volo"!

Dal tuo mentore.

Ringraziamenti

Ringrazio...

la mia compagna Federica per essere sempre accanto a me, per rivestire incessantemente il ruolo di mia motivatrice e anche per aver curato la stesura della Prefazione di questo libro;

i miei 3 figli Sebastiano, Edoardo e Nicolò, perché grazie a loro ho avuto il piacere di "esercitare" la professione più motivante e formativa per me: essere padre;

Davide Falletta, Sara Infante, Milena Migliore, e tutte le persone che hanno contribuito alla realizzazione di questo libro, per la disponibilità e il grande aiuto ricevuto;

tutti i datori di lavoro che ho incontrato nel mio percorso e tutti i miei clienti, i quali mi hanno permesso e mi permettono di essere il professionista che sono oggi;

tutti i miei ex colleghi e, in generale, ogni persona con cui ho collaborato o che sta collaborando con me in questo mio percorso professionale, perché anche grazie a loro ho trovato il modo di concretizzare le mie azioni;

infine, anche te, caro Lettore, perché sei arrivato fin qui, dedicando il tuo prezioso tempo alla lettura di quest'opera. Mi auguro che possa aver trovato interessanti suggerimenti per migliorare il tuo percorso professionale e, soprattutto, di vita!